目次

累犯障害者

序章　安住の地は刑務所だった——下関駅放火事件

「刑務所に戻りたかった」

二〇〇六年の松の内も明けやらぬ一月七日の未明、ＪＲ下関駅が炎に包まれた。

午前二時頃、駅構内にあるプレハブ倉庫から火の手が上がり、火は折からの強風にあおられ、瞬く間《またた》に駅舎に燃え移った。激しく炎上する木造二階建ての駅舎。二〇メートルにも及ぶ火柱が立ち、夜空を真っ赤に染める。火の粉が雪のように舞い、一〇〇メートル以上離れた場所にも白い灰が降り注いだ。消防車両二四台が出動し、必死の消火活動を行なったが、出火から約一時間後、駅舎は完全に燃え落ちる。午前五時前に鎮火したものの、火は隣接する飲食店なども含め、約四〇〇〇平方メートルを焼き尽くしていた。ただ幸いなことに、未明の火災であったため、死傷者は一人も出ていない。

焼け跡と化した下関駅。その駅舎は、一九四二（昭和一七）年に建造されたもので、以来六三年間、街のシンボル的存在となっていた。三角屋根の外観に特徴があり、多くの鉄道ファンからも親しまれていた。太平洋戦争の戦火からも逃れたその建物は、ひとつの怪火がもとで、一夜にして姿を消してしまったのだ。

本州と九州をつなぐターミナル駅の焼失は、交通機関も麻痺《まひ》させた。丸一日の間、鉄道網は寸断され、四万二〇〇〇人の足に影響を与えたという。

火災の翌日、新聞各紙はこぞって、「憤《いきどお》る市民の声」を取り上げた。その怒りの矛先は、一人の男に向けられている。

福田九右衛門《きゅうえもん》、七四歳。出火から三時間後、現住建造物等放火の容疑で逮捕された男だ。八日前まで刑務所に服役していた、元受刑者だった。

一二月三〇日に福岡刑務所を出所した福田容疑者は、その後一週間、北九州市内の自転車置き場などで野宿生活を続けていたらしい。

「刑務所に戻りたかったから、火をつけた」

福田容疑者は、接見した弁護士に、そう話しているという。

刑務所に戻りたかった──。それは、服役経験のある私にとって、寒心《かんしん》に堪えない言葉だった。そして、かつての受刑者仲間たちを想起させる言葉でもあった。

秘書給与詐取《さしゅ》という申し開きのできない罪を犯した私は、一審での実刑判決に従い、二〇〇一年六月、刑務所に服役した。栃木県の黒羽《くろばね》刑務所に入所した私を待っていたのは、一般受刑者たちに「塀の中の掃き溜《だ》め」と言われているところでの懲役作業だった。そこは、精神障害者、知的障害者、認知症老人、聴覚障害者、視覚障害者、肢体不自由者など、一般懲役工場での作業はとてもこなせない受刑者たちを隔離しておく、「寮内工場」と呼ばれる場所。この寮内工場での私は、刑務官の仕事をサポートする指導補助という役目を命じられていた。障害を抱える受刑者たちに作業を割り振り、日常生活においても、その介助をするという仕事だ。失禁者が後を絶たず、受刑者仲間の下の世話に追われるような毎日だった。

当初は、障害のある受刑者が医療刑務所ではなく一般刑務所にも数多く入所していることに驚愕《きょうがく》し、さらには彼らの突飛な行動に対して戸惑いを感じ、たじろぐ日々が続いた。しかし、慣れるにしたがって、「同じ囚人」という仲間意識も手伝い、彼ら障害のある受刑者と積極的にコミュニケーションをとるようになっていた。

だが、どうしても意思の疎通《そつう》をはかることができない受刑者もいる。

「福祉のほうで何とか支えられなかったんだろうか。こんな人たちを刑務所に押し付けられても困るんだが……」

刑務官たちも、彼ら障害のある受刑者たちの処遇に苦慮していた。

ある日、満期出所を目前にした受刑者の一人が言った。

「山本さん、俺たち障害者はね、生まれたときから罰を受けているようなもんなんだよ。だから罰を受ける場所は、どこだっていいんだ。どうせ帰る場所もないし……。また刑務所の中で過ごしたっていいや」

再犯をほのめかしているとも受け取れる発言だ。さらに、「俺ね、これまで生きてきたなかで、ここが一番暮らしやすかったと思っているんだよ」と真顔で語る。

自由も尊厳もない刑務所のほうが暮らしやすいとは。塀の外の暮らしは、障害者にとってそんなにも過酷なのか――。私は、彼の言葉に胸をえぐられるような衝撃を受け、同時に、「議員活動のなかで、福祉の問題に関しては自分なりに一生懸命に取り組んでいた」と考えていた自分自身が情けなくなってきた。国会の場で論じてきた福祉政策は、実に皮相なものでしかなかったのだ。そう痛感する。国会で見えなかったことが、刑務所の中で見えてきたのである。

結局私は、刑期を四ヶ月ほど残して仮釈放されることとなったが、まだまだ彼ら障害のある受刑者たちと関わっていたい、という思いもあった。

そして出所後、現在の私は、障害者福祉施設に支援スタッフとして通うかたわら、「触法障害者」と呼ばれる罪を犯した障害者たちの周辺を訪ね歩いたりもしている。障害のある受刑者たちは、一体どういう経緯で法を犯すことになってしまったのか。それが服役中、ずっと気になっていたからである。

塀の中で半世紀

下関駅放火事件の福田容疑者についても関心を抱き、いろいろと調べてみた。その結果判明したのは、彼もまた障害者であるという事実だった。

福田容疑者は、過去一〇回にわたって刑務所に服役していた。実刑判決を受けた罪名は、すべて「放火罪」だ。収監先は一般刑務所だけではなく、城野医療刑務所（現在の北九州医療刑務所）や岡崎医療刑務所に収容されることもあった。この二つの医療刑務所は、一般刑務所での処遇が困難となった、精神障害や知的障害のある受刑者が服役する施設である。

福田容疑者は知的障害者だったのだ。一九九六年、広島で起こした放火事件をめぐる裁判では、精神鑑定がなされ、「知能指数六六、精神遅滞あり」と判断されている。

知的障害の判定には、最重度・重度・中度・軽度の四段階があるが、障害者手帳の交付基準でいうと、最重度が知能指数二〇未満、重度が二〇から三四、中度が三五から四九、軽度が五〇から七五、となっている。つまり、福田容疑者は、軽度の知的障害者となるわけだ。

私の経験からすると、軽度の知的障害者というのは、人から言われれば身の回りのことはある程度こなせる。しかし、自分で考え、自ら進んで取りかかるということは、なかなかできない。ものごとの善し悪《よ　あ》しも、どれほど理解しているか分からない。そんな彼ら彼女らでも、罪を犯せば、その責任を問われ、結果的に刑務所に入ることもある。法務省が毎年発行している『矯正統計年報』に、「新受刑者の知能指数」という項目がある。最新の統計結果、二〇〇四年の数字で例示すると、新受刑者総数三万二〇九〇名のうち七一七二名（全体の約二二％）が知能指数六九以下の受刑者ということになる。測定不能者も一六八七名おり、これを加えると、実に三割弱の受刑者が知的障害者として認定されるレベルの人たちなのだ。

確かにそうだ。私も服役直後、五〇名ほどの受刑者と一緒に知能指数の測定テストを受けたが、足し算・引き算の計算すらできない者が何人もいた。また、寮内工場だけではなく、一般工場の中にも、知的障害者と思《おぼ》しき受刑者がかなりいたような気がする。

ここで誤解のないように記しておくが、知的障害者がその特質として犯罪を惹起《じゃっき》しやすいのかというと、決してそうではない。知的障害と犯罪動因との医学的因果関係は一切ない。それどころか、ほとんどの知的障害者は規則や習慣に極めて従順であり、他人との争いごとを好まないのが特徴だ。

ただ、善悪の判断が定かでないため、たまたま反社会的な行動を起こし検挙された場合も、警察の取調べや法廷において、自分を守る言葉を口述することができない。反省の言葉も出ない。したがって、司法の場での心証は至って悪く、それが酌量に対する逆インセンティブになっている。反省なき人間と見做《みな》され、実刑判決を受ける可能性が高くなるのだ。そして一度刑務所の中に入ると、福祉との関係が遠退《とおの》き、あとは悪循環となってしまうケースが多い。

『矯正統計年報』によると、知的障害のある受刑者の七割以上が刑務所への再入所者だという数字も出ている。そのうち、福田容疑者と同じように一〇回以上服役している者が約二割を占める。服役一〇回となると、完全に福祉との関係は切れてしまうだろう。

福田容疑者の場合、障害者手帳を有したことは一度もなかった。だが、それも当然かもしれない。福田容疑者の前歴をみると、福祉と関わる機会など、ほとんどなかったように思う。一二歳で少年教護院に入ってからというもの、以後は少年院を皮切りに矯正施設を出たり入ったりの繰り返しで、塀の外の社会にいた期間は、ごく僅《わず》かでしかない。成人して以降の五四年間でいえば、その約五〇年間を塀の中で過ごしている。

半世紀もの間、受刑者や被告人として生きてきた福田容疑者。彼は、一体どんな人間なのであろうか。

犯人との対話

下関駅放火事件から半年後の二〇〇六年七月、私は山口刑務所を訪れた。いまは被告人となっている福田九右衛門に会うためだ。

私が面会室に入ると、反対側の扉から入室していた福田被告は、すでに透明アクリル板の向こう側に座っていた。その座高からして、身長は一五〇センチ台の半ばくらいだと思われる。横にいる面会立会い係の刑務官と比べたら大人と子供だ。

この刑務所の拘置区に収監されている福田被告は、まだ受刑者ではない。したがって、本来なら私服を着用しているはずなのだが、早くも鼠色《ねずみいろ》の囚人服に身を包んでいる。たぶん、服の持ち合わせがないのだろう。

私が自己紹介すると、福田被告は愛想笑いを浮かべ、「はあ、どうも」と頷《うなず》く。空気が抜けるような、弱々しい声だった。見ると、前歯の上部がすべて抜け落ちてしまっている。だが、見た目からは、知的な障害があるとは、すぐには思えない。しかし、軽度の知的障害者の多くはそうだ。彼ら彼女らのほとんどは、見かけが健常者と変わらないがゆえに、その障害を理解されにくい人たちだ。

まずは、現在の刑務所内での暮らし振りについて質問しながら、言葉の遣《や》り取りをする。福田被告からはあまり返事が返ってこないが、食事をはじめ、ここでの処遇には十分満足している様子が窺《うかが》えた。私が「バクシャリ（麦飯のこと）」や「カラサゲ（食事の後片付けのこと）」といった受刑者用語を使うと、嬉《うれ》しそうな表情を見せる。

「ところで、どうして火をつけてしまったんでしょうか」

時間も限られているので、話を事件のほうに移した。

「うーん、店の前に置いてあった紙に、ライターで火をつけて、段ボール箱の中に入れただけ。そしたら、いっぱい燃え出した。駅が燃えると思わんかったから、驚いて逃げた」

手振りを交えて、一生懸命に説明しようとしてくれているが、これでは、答えになっていない。「どうして」というような抽象的な質問は避けるべきだったかもしれない。

「刑務所に戻りたかったんだったら、火をつけるんじゃなくて、喰い逃げとか泥棒とか、ほかにもあるでしょう」

　そう私が訊《たず》ねると、福田被告は、急に背筋を伸ばし、顔の前で右手を左右に振りながら答える。

「だめだめ、喰い逃げとか泥棒とか、そんな悪いことできん」

　本気でそう言っているようだ。やはり、常識の尺度が違うのか。さらに質問してみる。

「じゃー、放火は悪いことじゃないんですか」

「悪いこと」

　即座に、答えが返ってきた。当然、悪いという認識はあるようだ。

「でも、火をつけると、刑務所に戻れるけん」

　そう付け加える福田被告。頭の中に、「放火イコール刑務所」ということが刷り込まれているようだ。もし最初の懲役刑が別の犯罪だったとしたら、その場合は、それと同じ犯罪を延々と繰り返していたかもしれない。そんなふうにさえ思えてしまう。

　ともあれ事件当日は、空腹と寒さから、一刻も早く住み慣れた場所へと戻りたかったようである。とにかく、早く捕まりたいのだ。それは、今回だけではない。前回は出所から六日目、火をつけると同時に自首している。五五歳以降の五回の放火のうち、四回は放火後すぐに自首しているのだ。ちなみに、そんな遣り方であるから、これまで一回放火を行なっているが、一人のけが人も出していない。だが、どんな形態であろうと、放火が重大犯罪であることには違いない。では、どうすれば彼の放火を未然に防ぐことができたのか。

その答えはすぐにでる。福田被告に関していえば、快感を得るための放火というような、愉快犯的要素はないように思う。放火事件を起こさせないためには、ただひとつ、社会の中に居場所がありさえすればよかったのだ。

しかし、そこが一番難しい問題なのかもしれない。

「福岡刑務所の先生に、『セーカツホゴ』を教えてもろおとったから、役所に行った」

実は福田被告は、下関で放火事件を起こす半日前、北九州市内のある区役所を訪ねていた。だがそこでは、「住所がないと駄目だ」と相手にされなかったようだ。「刑務所から出てきたけど、住むところがない」と何度も言ったが、相談にものってくれなかったという。そして、一枚の切符を渡され、追い返された。その切符が下関駅までの切符だったのだ。区役所の職員がまともな対応をしていたならば、少なくとも下関駅が焼失することはなかっただろう。

「外では楽しいこと、なーんもなかった。外には一人も知り合いがおらんけど、刑務所はいっぱい友達ができるけん嬉しか。そいから、歌手が来る慰問が面白かたい」

福田被告がそう言うように、彼の人生のなかでは、刑務所こそが安住の地だったのかもしれない。「刑務所は安心。外は緊張するし、家は怖かった」とも彼は言う。

福田被告は、少年時代、父親からの凄《すさ》まじい虐待《ぎゃくたい》を受けている。彼の弁護人に聞いたところによると、体中、傷跡だらけで、特に胸部から腹部にかけての全面に広がる火傷《やけど》の跡は酷《ひど》いという。父親から何度も、燃え盛る薪《まき》を押し付けられていたのだ。

そんな生い立ちからすると、はじめに入った少年教護院は、彼にとって、「避難場所」と感じたかもしれない。

最後に私は、福田被告に、声を張り上げるようにしてそう言った。

「とにかく、頑張って長生きして、また外に出ましょうね」

だがそれも、空念仏のようにも思う。

今回は、その被害の甚大《じんだい》さからして、かなり厳しい判決となる可能性が高い。福田被告は、警察による取調べの際、「はじめから計画的に、駅全体を燃やすつもりで火をつけた」と供述しているのだ。たぶん誘導尋問にのってしまったのだろうが、この供述をもとに裁判が進むとなれば、相当長期の実刑判決が下されることが予想される。

私の「また外に出ましょうね」という呼びかけに対して、首を横に振り面会室を出ていった福田被告。その後ろ姿を見送りながら、私は目頭が熱くなっていた。彼は、刑務所という社会とは隔絶された空間の中で、「安心」して死んでいくのであろうか。彼の人生とは、一体何だったのか。でき得ることならば、もう一回出所して、一度くらいは社会の中で楽しい経験をして欲しい。そう願うばかりだった。

私が知る障害のある受刑者の中には、福田被告と同じような境遇のなかで生きてきた人がたくさんいた。そもそも健常者もそうだが、罪を犯した人間の過去を調べると、貧困だとか悲惨な家庭環境といった様々な悪条件が幾重にも重なることで、不幸にして犯罪に結びついているケースが実に多い。もっとも、その犯行が因をなし被害者となった人たちの方が、いっそう不幸だということは言うまでもないが。

いずれにせよ、多くの障害者が服役する現在の刑務所の状況は、障害者のほうが健常者よりも、より劣悪な生活環境におかれている場合が多いという、日本社会の現実を証明しているようなものではないかと思う。

そしていま、刑務所の一部が福祉施設の代替施設と化してしまっている。

第一章　レッサーパンダ帽の男——浅草・女子短大生刺殺事件

反応なき被告

二〇〇四年一一月二六日午前一〇時、東京地方裁判所の一〇四号法廷。東京地裁の中では最も広い法廷だが、九六席ある傍聴席は、報道関係者や傍聴人ですべて埋まっている。

冒頭のカメラ撮りが終わると、被告人が入廷してきた。両脇《りょうわき》を固めた刑務官が男を被告人席まで引き立てる。手錠と腰縄を解かれ、席に着いた男は、硬く身を縮め、顔を伏せていた。

「判決文を読み上げますので被告人は前へ」

裁判官に促され、男が証言台の前に立つ。上下黒のスウェットにサンダル履きという身なりの男は、身長一八〇センチを超えるほどの堂々たる体躯《たいく》だが、入廷以来、項《うなじ》を屈《かが》めたままの状態でいる。その形状で首が固定されているかのように。

この日ばかりではない。三年前の初公判から数えて計四七回の公判中、一度として顔を上げたことはなかった。頭を垂れ、ほぼ真下を向いた姿勢をとり続けているのだ。

「主文、被告人を無期懲役に処する」

法廷内に、裁判官の声が響き渡った。求刑通りの判決だ。

無期懲役刑が言い渡された瞬間、男を観察するが、その体は微動だにせず、まったく反応を示さなかった。

その後、約一時間にわたって判決文が読み上げられる。

「被告人は、軽度の精神遅滞であるうえ、自閉傾向を有することは明らかであり、それらの点が、被告人が本件各犯行に及んだ経緯に影響を与えたことは否《いな》めないところである。しかしながら本件の犯行は、なんの落ち度もない見ず知らずの一九歳の女性を刺殺したという誠に重大かつ悪質な通り魔殺人の事案であることに鑑《かんが》みると、以上のような被告人に有利な事情を最大限に斟酌《しんしゃく》しても、被告人に対しては、永く贖罪《しょくざい》の途《みち》を歩ませるため、主文の通り無期懲役に処するのが相当であると判断した次第である」

最後に、裁判官が男に語りかけた。

「亡《な》くなった被害者の冥福《めいふく》を心から祈るように」

しかしこの言葉も、日本語が通じていないのかと思ってしまうほど、なんの作用ももたらさない。もっとも、内面の動きは分からぬが。

そして男は、深く俯《うつむ》いたまま退廷していった。

被告人の名前は、山口誠。年齢は、三三歳(当時、以下同)。この判決の三年前、東京都台東区浅草の路上において、女子短大生が刺殺された事件で逮捕され、殺人罪に問われていた。

気になる殺人事件

二〇〇一年四月、私は保釈中の身ではあったが、刑務所への服役を目前にして、沈《ちん》鬱《うつ》な日々を送っていた。その二ヶ月ほど前に私は、秘書給与詐《さ》取《しゅ》事件により、懲役一年六ヶ月の実刑判決を受けている。

日がな一日、生後一ヶ月の息子をあやしながら、惜別の思いに浸っているような毎日であった。たびたび、受刑者となった自分の姿を想像しては、気持ちが塞《ふさ》ぎ込む。

「日本の刑務所は、ほかの国と比べて、格段に秩序が保たれているそうだからね。受刑者同士のトラブルなんか、ほとんどないみたいだよ。まあどっちにしても、自分は順応性が高いほうだと思うから、心配しなくていいよ」

そう家族には虚勢を張ってはいたものの、内心は、受刑生活への恐怖におののいていた。寝食を共にすることになる受刑者たちと、果たして、うまくやっていけるのだろうか。塀の中の住人というのは、一体どんな人たちなのか。そんなこんなが、大いに気になってしまう。

したがって、新聞・テレビで報じられる刑事事件や刑事裁判のニュースは、いつも蚤取《のみと》り眼《まなこ》で見ていた。

四月三〇日の昼間のことである。テレビが伝えるトップニュースに、目を奪われた。若い女性が何者かに刺殺されたという事件であるが、画面に流れる映像が過去に何度も目にしていた風景だったのだ。

かつて私は、ホームレスの支援活動に携わっていた時期がある。政治の世界に入る前の話だ。東京の下町、台東区と墨田区を隔てる隅田川。その河岸《かし》に、約一キロにわたって続く台東区立隅田公園がある。川沿いの遊歩道では、大勢の人たちが野宿生活を送っている。そこが私の主な活動地域で、三ヶ月ほど通い詰めた。多くの路上生活者と言葉を交わすなか、昵懇《じっこん》の間柄になった人もいる。

さて、ニュースは惨《むご》たらしい殺人の現場を映し出している。そこは紛れもなく、当時の私が通い慣れた道路「江戸通り」と、その脇に折れた路地であった。東武伊勢崎《いせざき》線浅草駅から、徒歩で三分ほどの場所だ。容疑者は犯行後すぐに逃走し、捕まっていないという。私はテレビ画面を凝視しながら、この事件が路上生活者の犯行でないことを念じていた。彼らに対する親近感は、いまだ残っているのだ。

その後のニュース番組やワイドショーも、この浅草での殺人事件をさかんに報じた。刺殺されたのは、都内板橋区に住む一九歳の女子短大生・小川真由子さん。ゴールデンウィーク中のこの日、彼女は、ブラジリアン柔術大会に出場するボーイフレンドを応援するため、隅田公園内にある台東リバーサイド・スポーツセンターに向かっていたらしい。その途次、何者かの凶行によって命を奪われたのだ。

こうして被害者の情報が伝わってくるにつれ、犯人に対する怒りが込み上げてくる。犯罪と犯罪者を憎悪《ぞうお》してしまう。罪を犯した自分というものは、棚に上げておいて。

新聞・テレビの報道が突如消えた

犯人の行方は、杳《よう》として分からなかった。

事件直後、現場近くの植え込みから、容疑者が被《かぶ》っていたとされるレッサーパンダのぬいぐるみ帽が発見されたため、マスコミの多くは、この事件を「レッサーパンダ事件」、そして容疑者を「動物帽の男」と呼んだ。日を追うごとに、報道が過熱し、目撃情報などによって、犯人像が明らかになってくる。

議員時代から新聞のスクラップが習い性となっていた私は、いまも、この事件に関する新聞記事（朝日新聞）の切り抜きを保存している。

以下、主な見出しを時系列で並べてみる。

5月1日朝刊——「短大生、路上で刺殺」「台東　馬乗り、若い男逃走」

5月1日夕刊——「犯人の？帽子発見」「数日前から同じ姿の男」

5月2日朝刊——「背後いきなり襲う？」「背中に深い傷　防御できぬ状態に」「パンダの帽子の男　10日前から目撃」

5月2日夕刊——「別の女性も狙《ねら》われる」「事件直前　刃物持つ男に」「2日前にも目撃」

5月3日朝刊——「無差別に女性狙う？」「動物の帽子の男　未明にも『未遂』」「2～3月に上野宿泊」「帽子、アメ横で購入」「血痕《けっこん》がついた包丁は新潟製」

5月4日朝刊——「髪の一部白く染める」「帽子男　前日、男性と会話」「近くのコンビニ　ビデオに映る」

5月5日朝刊——「動物帽の男　現場周辺に生活圏？」

5月6日朝刊――「20～30歳・180センチ前後・髪ぼさぼさ」「帽子男の似顔公開」
5月7日夕刊――「情報600件／短大で追悼」
5月9日朝刊――「帽子の男？室蘭で目撃」「先月初め、フェリー乗船」
5月10日朝刊――「遺留指紋と一部一致」「室蘭で目撃 元塗装工」
5月10日夕刊――「帽子の男と似た元塗装工 事件後、台東へ転出届」

ここまでが、犯人が逮捕される日までのものだ。

また、テレビニュースでは連日、躍起になって容疑者の足取りを追っている。特にワイドショーは、犯人の絞り込み作業に余念がないが、「世田谷区出身、財布に四〇万円」「スーツ姿で動物帽かぶり電車に」「犯人は二人」「モヒカン刈りの犯人」など、その中身は錯綜《さくそう》していた。しかし、断片的に伝わってくるいずれの情報からも、悪逆無道な犯人像が浮かんでくる。

こうした報道に接するたびに、自分自身、気分がヒートアップし、この手で凶悪犯を捕まえてやりたい、という衝動にかられてくる。逃走中の犯人は、その異様な風体からして、よほど奇抜な服装を好む、いわゆるビジュアル系といわれるような若者なのか。それとも、憂慮したように、路上生活者の犯行なのか。探偵然と、頭の中でそんな推測をしていた。

事件発生から一〇日後の五月一〇日、ようやく犯人が逮捕された。

容疑者・山口誠は、住所不定の元塗装工で、札幌市出身らしい。私と同郷の人間だった。

「犯人の似顔絵に似た男が、東京・代々木の工事現場で働いている」

この通報を受け、捜査員が現場に駆けつけたところ、すぐに男を発見。任意同行を求め事情聴取すると、男は、「自分がやりました」と犯行をあっさり認めたという。

事件後の一週間、山口容疑者は、都内の駅構内や駅近くで野宿をして過ごしていたらしい。そして五月七日、東京駅周辺で手配師に誘われ、その結果、埼玉県内の建設会社に雇用されるようになったのだそうだ。やはり、ホームレスに近い生活をしている人物の犯行だった。

新聞各紙とも、ある程度、犯人を把握していたようで、逮捕翌日の朝刊には、容疑者の生い立ちとともに、周辺人物の声が記事として掲載されていた。札幌在住時の近隣住民、家族がかつて働いていた会社の社員、中学校時代の担任教諭や同級生などだ。

だが、どのコメントにも、「静か」「印象がない」「素直」といった言葉が並び、私がイメージしていた犯人像とは、大きく懸け離れていた。

もちろん、容疑者本人の供述内容も報じられている。

「自分に捜査が及んでいることは気づかなかった」

酷似している似顔絵が公開されていたにもかかわらず、こう山口容疑者は話しているという。さらにレッサーパンダの帽子については、「寝るときも肌身離さず持っていたが、犬の帽子だと思っていた」と。なんとも、間の抜けた殺人犯である。

そして、逮捕の二日後。「捜査本部は二二日午前、容疑者を殺人容疑で送検した」という記述を最後に、新聞紙面から、この事件に関する記事は消えてしまった。

私は、事件発生から逮捕に至るまでの大々的な報道からすれば、当然今後もしばらくの間、後追い記事が続くものだと考えていた。しかし記事は、ぱったり途絶えた。テレビも同様で、容疑者送検後の続報は流れてこない。不可解な事件であるし、マスコミ報道の不自然さを感じる。

ところが、逮捕から一週間が過ぎ、週刊誌によって、新聞・テレビでは伝えられなかった容疑者の過去が明らかになった。以下、「週刊新潮」(二〇〇一年五月二四日号)の記事を引用する。

「生来、知能が遅れ気味だった。小中は通常クラスだったものの、高校は札幌の高等養護学校に通っている。IQは49程度で、知能は小3レベル。文章を書かせても平仮名ばかりで、〝お〟と〝を〟、〝わ〟と〝は〟の区別もつかないのだそうだ。

なるほど、と合点がいった。新聞・テレビの大手メディアは、「知的障害者の犯罪」というタブーには触れることができないわけだ。確かに、センシティブな問題だ。容疑者の障害を公表すれば、知的障害者は事件を起こしやすいという、あらぬ誤解と偏見を社会に与えてしまう恐れがあるからだ。障害者団体からの抗議もあるかもしれない。

だが、本当にそれでいいのだろうか。同様の悲劇を未然に防ぐには、事件の背景にあるものが一体何だったのかを、社会全体が直視すべきなのではないか。障害者による犯行だからといって、その事実を社会から消し去ってしまってもいいのか。私の中には、そんな釈然としない思いが残っていた。

いじめの標的

レッサーパンダ事件の容疑者が逮捕された翌月、私は懲役一年六ヶ月の一審判決に従い、刑務所に服役した。

「とにかく出所するまでは、所内規則を守って、ただ大人しくしていればいいんだ」

私が服役中、ひねもす聞かされていた刑務官たちの口癖だ。まさに、これが本音であろうし、受刑者処遇の実態を端的に表していると思う。現在、全国に六七ヶ所ある刑務所は、いずれも恒常的な過剰収容状況にあるが、それに対して、職員体制の不備は否《いな》めない。現場刑務官たちは満足に年次休暇を取れないどころか、休日出勤や長時間にわたる超過勤務が常態化している。そんななかでは、到底、矯正教育にまで手が回らないわけだ。

黒羽刑務所の寮内工場に、事件をワイドショーや週刊誌で報じられ、いっ時、世間を大いに騒がせた受刑者がいた。彼が起こしたのは、小学生女児に対する強制わいせつ事件。被害児童も相当数いたように記憶している。しかし、このような受刑者にも、更生プログラムは全く用意されていない。それどころか彼は、ロリコン雑誌の購読をも許可され、「やっぱり、女は小学生に限りますね」などと、刑務官の前でも燥《はしや》いでいた。悲しいかな、これが「矯正施設」といわれる刑務所の実情だった。

こうした結果、現在、刑務所から出所した人間の再入所率は、約五〇％にもなっている。

レッサーパンダ事件の山口被告もそうだった。事件を起こすまでの成育歴を辿《たど》ってみると、高等養護学校卒業後の一一年間、その半分近くを拘置所や刑務所で過ごしている。女子短大生を刺殺したのは、二度目の服役生活を終え、青森刑務所から仮釈放された三ヶ月後のことだった。

山口被告は、一九七二年二月、札幌市中央区に生まれた。二七歳の父親と、その前月に入籍したばかりの二三歳の母親との間にできた第一子だ。

父親は中学卒業後、営林署に勤めたが、二ヶ月ほどで辞め、その後は、いくつもの印刷会社を転々としている。仕事の内容は、大半が手刷り作業。実家から通勤していたので、遊ぶ金には困らず、パチンコ店には毎日のように通った。

母親は二度目の結婚だった。前夫とは、再婚する一〇ヶ月前に死別。子供はいなかった。

長男・誠の誕生後、山口一家は、母方の祖母や兄夫婦との同居生活を送ることとなる。結婚後も、父親のパチンコ店通いは止《や》まず、給料の多くがパチンコ代に消えた。その分、母親がパート労働に出て家計を支える。こうした生活のなか、長男誕生から二年後に次男が、四年後に長女が生まれた。そして、山口被告が小学校三年生の時、祖母の死を機に、一家は近くのアパートへと転居する。

山口被告は、小学校、中学校と、地元の普通校に通った。だが成績はオール1に近く、学校や近所でも、いじめられっぱなしだった。

「毎日、頻繁にいじめを受けていました。でも何も言い返せずに、うじうじしているんで、ますます標的になる」

弟が公判の中で証言した少年期の兄の姿である。さらに弟は、「兄貴は、単純な話ならできるが、会話が長くなると頭が整理できなくなる」と言う。

小学校高学年、中学校と進むにつれて、山口被告は、一人で家に閉じこもることが多くなった。

中学卒業後は、学校側の勧めにより、札幌市内の高等養護学校へと進学する。この高等養護学校二年時、山口被告は、意外にも生徒会長を務めていたのだ。

「みんなが山口を推したのは、半分いじめのようなところもあったんじゃないかな。山口が生徒会長になったらどうなるかって、みんな面白がってた」

一緒に在学していた人物は、当時を振り返り、こう語る。しかし一方で、それとは異なる証言もある。高等養護学校の中にあって山口被告は、スポーツ面で他の生徒より秀《ひい》でており、羨望《せんぼう》の目で見られていたところもある、というのだ。それで、自然と生徒会長に推された、と。

相反する二つの意見。一体どちらに真実があるのだろうか。いや、両方とも正しいのかもしれない。「羨望」と「いじめ」は、表裏一体にあるものだ。時として、「羨《うら》ましさ」は「妬《ねた》み」へと変わる。

いずれにせよ、生徒会長となった山口被告。役目がら当然、人前で話をしなければならないが、そんな時は、緊張からなのか、体も声も震え続けていたそうだ。

このころ、山口被告の母親は、突然、体調を崩し、入院している。生徒会長になったことによる不安、それに母親の入院が重なり、張り詰めていたものが崩れたのだろうか。山口被告は、たびたび学校を無断欠席するようになっていった。家出をしていたようである。だが、周りの人間が「どこに行っていたのか」と尋ねても、口を噤《つぐ》んだままで何も答えなかったという。

高等養護学校三年の時、母親が白血病により他界した。母親の死、という現実に接した山口被告である。母親を失った悲しみ、そしてその衝撃は、相当なものであろう。ところが、告別式への参列者によれば、山口被告からは、悲しいとか辛《つら》いとか、そんな気持ちは全く伝わってこなかったという。普段と変わらない様子だったというのだ。

ただ、母親が亡《な》くなって以降は、家出を頻繁に繰り返すようになったのだそうだ。毎回、三、四日もすれば戻って来る家出だが。

放浪生活の果てに

そして、一九九〇年三月、高等養護学校卒業。山口被告は、卒業と同時にクリーニング店に雇用された。しかし、一ヶ月ともっていない。仕事中、トイレの窓から飛び出し、そのまま姿を消してしまったのだ。「養護学校卒の知的障害者」と揶揄《やゆ》され、執拗《しつよう》ないじめに遭っていたようだ。次に印刷会社に就職したが、こちらも長続きせず、ある日突然、逃げ出すかのごとく、職場を去っている。ここでもいじめは、凄惨《せいさん》だったようである。この間に受けた暴力によって、山口被告の前歯は、ほとんど失われた。その後、塗装会社に籍を置くものの、何度も何度も無断欠勤と家出を繰り返し、やがて浮浪者に近い生活を送るようになっていく。

最初に警察沙汰《ざた》になったのは、高等養護学校卒業の翌一九九一年七月。札幌駅構内での「置き引き」だった。山口被告は犯行時、すぐに現場で取り押さえられ、警察に突き出されている。だがこの時は、未成年者かつ初犯者の事案ということもあり、何の処分も受けずに済んだ。それから約一年後、今度は旭川《あさひかわ》駅構内でのことだ。寝ていたところを警察官に職務質問され、所持していたバッグから鉈《なた》が見つかる。護身用として家から持ち出したものらしいが、結局、「銃刀法違反」の罪により罰金刑となった。

いよいよ懲役刑となる事件である。それは一九九四年、二二歳の時に函館《はこだて》市内で起こしていた。罪名は「強盗未遂」および「強制わいせつ」。おもちゃのピストルを手にして、公園のベンチに女性を座らせ、金銭を要求すると同時に、体にも触れたというものだ。

被害者の女性は、「お金がないので銀行で下ろしてくる」と言い、その場を逃れ、すぐさま警察に駆け込んでいる。一方、加害者・山口誠はというと、事件を起こした後も、依然おもちゃのピストルを持ったまま現場付近をそぞろ歩きしており、当然、ただちに逮捕されることとなった。

その四ヶ月後、函館地方裁判所は、山口被告に懲役三年の判決を下した。ただし実刑ではなく、執行猶予《ゆうよ》五年がついた。この裁判の過程で示された鑑定書には、被告人について次のように記されている。

「かなり低い知能であり、精神薄弱の範疇《はんちゅう》に入る低さである。検査結果によって、先天的に知能が低かったことがうかがえる」

「今回の犯罪行動に至ったのは、偶然にモデルガンを所持していたということが大きく、その偶然がなかったならば、気弱な人であり、このような直接的な行動に出ることは難しかったように思われる。窃盗など他の手口を考えつかなかったのは、能力が低く、他の方法まで考えがいかなかったためと考えられる」

「能力は確かに低いし、性格にも問題が認められ、社会生活で適応していくには幾多の困難も予想されるが、指導の仕方いかんでは、さらに社会的な能力も開発されていく人のように感じられた」

この鑑定を採用した裁判所は、社会の中で適切な指導と支援を受けることを前提として、保護観察処分としたのだ。

判決後の山口被告は、父親や妹が暮らすアパートに帰住するが、裁判官の思い描いたようにことは進まなかった。保護観察期間中、担当保護司が面談したのは、二回だけ。しかも、「定職に就くように」と説諭するばかりで、障害者福祉の現場など、具体的支援先には一切つなげていない。

そして詰まるところは、放浪生活に帰する結果となってしまった。

二度の服役

函館地裁での判決から、ちょうど半年後。山口被告は、放浪先の熊本県内において、「窃盗」事件を起こし、警察に連行された。自転車泥棒だった。塒《ねぐら》としていた橋の下で、警察官の職務質問を受け、そこで犯行が発覚したのだ。実は逮捕される五時間ほど前にも、警察官が訪ねて来ていたが、山口被告は、その後も平然と橋の下に居続けている。盗んだ自転車が傍にあり、そのうえ執行猶予中の身であるにも拘《かか》わらずだ。

熊本簡易裁判所は、懲役一〇ヶ月の実刑判決を下し、ついに二三歳にして、山口被告は受刑者となる。当然、「強盗未遂・強制わいせつ」事件での執行猶予は取り消され、懲役三年が刑期に加算された。

まずは、熊本刑務所京町拘置支所を経由して福岡刑務所へ収監。分類審査（懲役作業を行なううえでの適性検査）が終了後、二六歳以下の受刑者であるため、佐賀少年刑務所へと移送される。この刑務所で山口被告は、はじめての服役生活を送ることとなった。

二年八ヶ月が過ぎ、二六歳の誕生日を迎えた一週間後、佐賀少年刑務所から、約一ヶ月の刑期を残して仮釈放。通常、手持ちの金がない出所者には、帰住地までの交通費・片道分が支払われる。飛行機で北海道に戻った山口被告は、空港まで出迎えた父親に連れられ、いったんは無事帰宅した。だが、それも束《つか》の間《ま》だった。保護観察所への出頭義務も果たさず、翌日には、自宅から出奔してしまっている。そして以後、所在不明となった。

仮釈放中は、当然、保護観察を受けることとなり、「刑期満了日までは、必ず届け出の帰住地において生活すること」「三日以上、家を空けるときには、事前に保護観察所の許可を得ること」「一週間に一度、担当保護司と面談すること」など、様々な遵守《じゆんしゆ》事項が課せられる。私自身も、仮釈放から刑期満了までの四ヶ月間、保護観察を受けていた期間があるが、当時を振り返ると、些細《ささい》な遵守事項違反でも塀の中に連れ戻されるのではないかと、非常に萎縮《いしゆく》した生活を送っていたように思う。

山口被告が出所して一ヶ月後、北海道地方更生保護委員会は、保護観察の停止を決定した。発見され次第、刑務所に再収監され、残りの刑期を務めることになる。

行方を晦《くら》ましてから一年二ヶ月後、山口被告は、青森県内で身柄を拘束された。仮釈放中の出奔者として捕捉《ほそく》されたのではなく、「詐欺罪《さぎざい》」による逮捕だった。詐欺罪といっても、要は無銭飲食である。この一年二ヶ月間の足取りは定かでないが、逮捕前は数日間、何も口にしていなかったというから、やはり浮浪者のような生活をしていたに違いない。

再び受刑者となった山口被告は、詐欺罪での懲役一〇ヶ月、それに前刑の残りを加え、青森刑務所に服役した。そして、二九歳の誕生日を間近にした二〇〇一年一月三一日、刑期を一ヶ月ほど残して受刑生活を終える。またも仮釈放だった。現在の制度では、身元引受人がいる受刑者には、必ず仮釈放が認められるのだ。山口被告の場合、服役のたびに、父親が身元引受人になっている。

出所した山口被告は、青森駅のホームまで刑務官の付き添いを受け、なんとか函館行きの列車に乗車した。しかし、というよりも案の定、この後、札幌市内の自宅には帰住しておらず、またも行方が分からなくなってしまった。

二週間後に、北海道地方更生保護委員会は、保護観察停止を決定する。その日のこと。担当保護司から、保護観察官に連絡が入った。

「二日前、本人が上野警察署の警察官によって保護されていた。同日、上野駅発の列車に乗り、昨日、札幌駅に到着したところを、実父の出迎えを受け、無事、帰住した」

本人自ら交番に現れ、「お金がない……、困っている……」と保護を求めたらしい。この所在発見報告によって、あっさりと保護観察停止は解除されてしまう。仮釈放中、重大な遵守事項違反を犯したにも拘わらず、何のお咎《とが》めもないのだ。これには、まったくもって驚かされる。どうやら、私が仮釈放された日に、保護観察官から受けた説明は、単なる脅しに過ぎなかったようだ。

保護観察停止解除の五日後、担当保護司が山口宅を訪問し、本人と面談している。その翌日、今度は父親と一緒に保護司宅を訪ねた。仮釈放中、担当保護司が本人と接触したのは、実にこの二回だけだった。

「山口家の家庭環境に問題はなく、家族関係も円満である」

担当保護司は、そう保護観察所に報告している。そして二〇〇一年三月五日、刑期満了の日を迎えた。レッサーパンダ事件が起きる五六日前のことである。

この間の山口誠という人間の行動パターンを見てみると、ひとつの特徴がある。事件を起こしても、その場からしばらく離れずに茫洋《ぼうよう》としているが、父親の前からは、いつも忽然《こつぜん》と姿を消してしまう。警察官や人様には平気で金銭を無心するが、父親には決して援助を求めない。果たして、担当保護司の言うように、山口家の家族関係は、本当に円満だったのだろうか。そう疑わざるを得ない。

山口被告の放浪癖が昂進《こうしん》してきたのは、高等養護学校の三年時、母親が死去してからのことだ。以後、何が彼を殺人者へと至らせたのか。一体、山口被告の家庭環境とは、どのようなものだったのか。

悲劇の家庭

梅雨のない北海道の六月は、澄明《ちょうめい》な空気に包まれていて、実に清々《すがすが》しい。雲間から差し込む太陽の光が、目の前にある建物を照らしつけている。一棟の集合住宅だ。レッサーパンダ事件の論告求刑が約二週間後に迫った二〇〇四年六月一九日、私は一人の女性に案内され、かつて山口被告が暮らしていた住居や就労先の会社などを訪ね歩いていた。

女性というのは、山口被告が高等養護学校一年および二年の時、その担任を務めた元教諭・中西清子さん（仮名）である。中西さんは、山口被告が三年に進級する時点で、夫の転勤に伴い札幌を離れざるを得なくなり、やむなく教職を退いていた。レッサーパンダ事件は、それから一二年が経過して起きた。逮捕後の山口被告は、弁護人となった副島洋明《そえじまひろあき》弁護士からの質問に次のように答えている。

「一番好きなのは高三の時に死んだお母さん、次に好きなのは中西先生」

そこで、副島弁護士が中西さんを探し出した。中西さんは、山口被告が卒業するまで担任できなかったことを後悔し、責任も感じているという。事件後、浅草警察署を訪ね、かつての教え子と対面し、「これまで何もしてあげられなくて、ごめんなさい」と、涙ながらに詫《わ》びたのだそうだ。山口被告の家族のもとに出向いたのは、その数日後だった。そして、山口家の窮状を目《ま》の当たりにすることとなる。それは、見るに耐えない状態だった。

「ここです、事件が起きた時、彼の家族が住んでいたところは。事件からしばらくの間は、四六時中、マスコミの人たちに取り囲まれていて、お父さんも妹さんも一歩も外に出られなかったようです」

そう中西さんは語ると、愁然とした表情で建物を見つめた。

私自身も秘書給与詐取《さしゅ》事件の発覚時、大勢の報道陣に自宅を囲繞《いにょう》され、部屋の中で居竦《いすく》まっていた経験がある。もっとも私の場合は、公人かつ犯罪当事者であり、自業《じごう》自得《じとく》なのだが、それにしても、二度と体験したくないシチュエーションだ。

古い木造アパートの道路側に面した一室。今は山口家とは別人が暮らしている。六畳ふた間ほどの間取りであろうか。三年前のレッサーパンダ事件当時、そこには、父親と山口被告の四歳年下の妹が暮らしていた。

妹は、末期癌《がん》に冒され、在宅酸素療法を行なっていたという。二一歳で発病し、三度の手術を経て、以来三年間、病魔と闘っていた。それだけではない。一三歳の時に母親が病死したため高校進学を断念し、中学卒業後は、家計を支えるために働き通しの毎日だったようだ。アルバイト先の食品加工会社での仕事は、早朝から深夜に及ぶことも多かったという。しかも職場から帰宅すると、父親や兄の世話が待っている。

父親は、全く金銭管理ができない。あればあるだけ、浪費してしまう人物だった。したがって妹は、癌と診断された後も、一家の生活を担《にな》い、働きながら通院していたのだそうだ。知的障害のある兄・誠の母親役も、懸命に務めた。

闘病生活にある娘をアルバイトに出し、その収入を当てにする父親。一体この父親とは、どういう人間なのか。どうしても、そこに思考がいってしまう。

「お父さんは、子供たちに対しては、かなり厳しかったんです。暴力を加えることもたびたびだったようです」

中西さんの説明によると、父親は特に山口被告に厳しく、皮膚が膨れ上がるほど青竹で叩《たた》いたり、真冬に全裸にして外に放り出したりと、躾《しつけ》というよりも折檻《せっかん》に近かったという。山口被告は、父親という存在に、絶えず怯《おび》えを抱いていたのだそうだ。父親の前からすぐに姿を晦ましてしまう理由が理解できた。

ところで山口被告の弟はというと、母親が亡《な》くなった直後に高校を中退して働きに出ており、事件当時は、すでに結婚して別所帯を構えていた。

親戚《しんせき》縁者との付き合いは、父親による金銭トラブルが原因で、すべて絶たれているような状態だった。妹の周りには、頼るべき人間が誰もいなかった。

「小学校六年生の頃の妹さんを覚えているんですが、その頃と比べると、大変な変わりようでした。鼻にカニューレを通していて、本当に痩《や》せちゃって……」

中西さんは、寸秒、声を詰まらせたものの、続けて、妹のその後について語り始める。

妹が必死の思いで貯《た》めたアルバイト料も、自身の治療費や父の小遣いにと、すべて消えてしまっていた。放浪生活を続ける兄に対して、交通費などを工面することもたびたびだったという。また、高額医療費の場合、支払い後、本人口座に超過分が還付されるが、それもすぐ、父親に引き出されてしまう。貧困のどん底だった。

そこで、この惨状を知った「共生舎」という札幌市内の障害者支援グループが、山口家の生活支援に乗り出すことになる。中西さんも、共生舎のスタッフとともに支援活動に加わった。

驚いたことに、妹は身体障害者手帳を所持していなかった。したがって、障害者基礎年金も受給していないし、医療費免除の対象者にもなっていない。当然、生活保護も受けていなかった。親子ともに、その手続きの方法どころか、制度そのものを知らなかったらしい。

山口被告も高校卒業時、障害者雇用助成金制度があるため、学校側が就職対策の一環として障害者手帳を取得させていたが、放浪生活のなか、いつの間にかそれを破り捨てている。父親も本人も、制度の中身などまるで理解していないのだ。

それどころか、共生舎による支援活動の過程で、父親にも知的障害のあることが判明した。そして、五八歳にして、はじめて知的障害者と認定される。レッサーパンダ事件から一年二ヶ月後、障害者手帳も交付された。

妹は母親が亡くなって以降、一一年間、兄だけではなく、父親も含めて二人の知的障害者の世話をしてきたことになる。その挙げ句、病に倒れた。この間、全く福祉の手は差し伸べられなかった。行政の目も届かなかった。

不思議である。振り返ってみると、福祉行政との接点を持つ機会は、何度もあったはずだ。それは皮肉にも、山口被告が事件を起こすたびに訪れていた。しかし、保護観察所から福祉への橋渡しは、何一つなされなかった。確かに、前科のある者に対しては一歩身を引いてしまう、障害者福祉の冷淡な現実もある。だが結果的に、保護観察の対象だった知的障害者が新たな重罪を犯し、それによって尊い命が奪われてしまったのだ。保護の立場からは、いろいろと言い分もあろうが、我が国の更生保護行政の無機能ぶりを痛感する。

さらには、近隣住民、父親や妹が勤めた職場の人間、妹が通院していた病院の関係者、地域の民生委員などなど、この間、誰一人として一家の窮状を察しなかったわけではないだろう。山口被告に、そしてこの一家に、早い段階で適切な支援が差し向けられていれば、レッサーパンダ事件という悲劇は起こらなかったのではないのか。そう考えると、残念極まりない。

私と中西さんは、一時間あまり話し込んだ後、山口被告とその家族が暮らしていたアパートの前を離れた。人通りの少ない寂寞《せきばく》とした街を後にしながら、私の気分は、天気とは裏腹に曇ってくる。

「福祉の外に置かれた彼に対して、私は何もしてやれなかったんです」

同道の間、中西さんが何度も口にしたその言葉が、いまも心に残る。

自責の念に駆られる関係者たち

「病院では死にたくない。最後に少しだけでもいいから、一人暮らしがしてみたい」

これが山口被告の妹が抱く唯一《ゆいいつ》の夢だった。ところが、レッサーパンダ事件から七ヶ月後、彼女は入浴中に卒倒し、病院に担《かつ》ぎ込まれてしまう。そして、そのまま入院。余命一ヶ月半を宣告された。

ここから、共生舎による本格的な支援が始まる。妹の願いを叶《かな》えようと、医師の反対を押し切り、彼女を共生舎近くのマンションに移り住まわせた。

実はこの共生舎というのは、社会福祉法人格もＮＰＯ法人格も持たない、いわば任意団体に過ぎないグループだ。だがそれだけに、行政の顔色を窺《うかが》いながら組織運営をしている既存の法人には見られない融通性と機動力がある。私も何度か、共生舎の主宰者・岩渕進さんと話をする機会を持ったが、そのたびに、自分が日ごろ接している福祉関係者とは違う、一種独特の迫力を感じ受ける。

「自分たちの持つあらゆる力を駆使して、彼女の一人暮らしを支えていこう。体力、知力、根性、金、すべてをとことん注ぎ込む。これは、硬直した現在の医療・福祉行政への挑戦でもある」

岩渕さんのこの号令一下、「市民ホスピス」と銘打った二四時間態勢の看取《みと》り介護がスタートした。末期癌の一人の女性の周りには、共生舎スタッフや医師・訪問看護師だけではなく、多くの学生ボランティアも集まってきた。

「これまで生きてきて、何も楽しいことはなかった」

岩渕さんは、妹のこの言葉に愕然《がくぜん》としたという。彼女は、中学生の頃から家事労働に追われる毎日を過ごし、休日や放課後に友人と遊ぶこともなかったらしい。個人旅行の経験など、ただの一度もなかった。自我を消し去り、家族のために生き続けた二五年間。これでは、あまりにも寂しすぎるし、悲しすぎる。

「これからは、目一杯、楽しいことをして暮らそう」

岩渕さんは、そう妹に呼びかけた。そしてそれからは、彼女を未知の世界へと連れ出す日々が続く。映画館、花火大会、学園祭、温泉、居酒屋などなど。ボランティアの学生たちとのパーティーも頻繁に開いた。「東京ディズニーシー」「ユニバーサル・スタジオ・ジャパン」「志摩スペイン村・パルケエスパーニャ」「ジブリの森」といった日本各地のテーマパークにも出掛けた。いつも、酸素吸入用の大型コンプレッサーやストレッチャーを携えての大移動だった。

「はじめは誰にも心を開かなかったあの娘がな、声をあげて笑うようになったんだ」

微に入り細を穿《うが》つ支援を尽くした岩渕さんは、磊落《らいらく》な笑顔を浮かべ、当時を振り返る。「人生、何も楽しいことはない」と漏らしていた彼女が、「もう少しだけ、生きてみたい」と望むようにもなったのだそうだ。

そうした生活の中でも彼女は、兄が起こした事件に対する痛恨の思いは持ち続けていたという。もちろん、亡くなった女性やその遺族のことを思えば、絶対に兄を許せない。だが一方で、兄が凶行に及んだ原因は、自分自身にもあると考えていたようだ。実は事件を起こす前、兄から妹のもとに、金銭を無心する電話が入っていたらしい。しかし妹は、それを強い口調で拒絶した。それが事件に結びついているのでは……、あの時、別の対応をしていれば……。そんな臍《ほぞ》を嚙《か》む思いを引き摺《ず》っていたのだ。さらには、「自分はいま、事件が起きたことによって転機が訪れ、生涯で最も充実した時間を送らせてもらっている。でもこの生活は、亡くなった女性の犠牲の上に成り立っているのでは」という後ろめたさ。彼女は、二重の意味で自分を責め続けていた。

妹は結局、医師に宣告された寿命より、七ヶ月も長く生きた。最期《さいご》は多くの人たちに見守られ、念願だった一人暮らしの部屋で人生の幕を下ろした。

「自分たちは他の福祉関係者に見捨てられた人たちを受け入れたり、触法障害者にも積極的に関わったり、この五年間、精一杯の活動をしてきたつもりだ。でも、山口誠と出会うことはできなかった。もっと早くあの家族と会っていれば、事件は起きなかったと思う。短大生の女性も死なずにすんだ。悔しいな……。自分たちの力不足を感じるよ」

そう岩渕さんは、自戒する。山口被告が起こした事件によって、その妹、そして岩渕さん、元担任教諭の中西さん、それぞれが各々《おのおの》の立場で強い自責の念にとらわれていた。

翻《ひるがえ》って、当の山口被告はどうなのか。そう思わずにはいられない。

動機

レッサーパンダ事件の弁護人・副島洋明さんは、初公判において、山口被告には知的な障害だけではなく、自閉症という障害のあることを示していた。

副島さんは、知的障害者が関わる刑事裁判の弁護を数多く手がけてきた弁護士である。今回も山口被告本人が「弁護士はいらない」と拒否するなかでの、いわば押しかけ弁護だった。弁護費用も持ち出しとカンパで賄《まかな》う。

裁判が始まった当初、山口被告は何を問われても、ほとんど沈黙に近い状態だった。口を開いたとしても、要領を得ない答えに終始した。副島弁護士は言う。

「被告人が何も語らず、検察官や弁護士の言葉だけで裁かれる。これでは、真相が解明されるとはとても思えない。被告人のありのままを引き出すことが私たちの弁護だった」

弁護人が被告人を面罵《めんば》したり、慰撫《いぶ》したり、時には幼児に語りかけるように宥《なだ》めすかす。そんな裁判が続いた。そして、七、八回目の公判あたりから、山口被告に変化が現れ始めた。少ない語彙《ごい》ではあるが、尋問に応じるようになったのだ。

三年以上にも及ぶ計四七回の公判。改めて、この裁判を振り返ってみたい。

検察側は、事件を次のように捉《とら》えている。

山口被告は、当時、上野や浅草界隈《かいわい》を徘徊《はいかい》しながら、隅田川東岸にある緑道公園の植え込み内を塒《ねぐら》としていた。事件の二日前に、女性にわいせつ行為をしようと企て、露店において、刃渡り約一六センチの洋包丁を代金二〇〇〇円で購入する。

犯行当日、午前八時頃、雨天の中、目を覚ました山口被告は、若い女性の胸部や臀《でん》部《ぶ》を触るなどの行為をしたいという欲求を抱き、包丁をズボンのベルトに差し込んで浅草駅方面に出掛けた。

そして午前九時三〇分頃、隅田川にかかる吾妻橋《あづまばし》歩道上において、通行中の女性に包丁を見せつけながら近付く。だが傘で防御され、悲鳴を上げられたため、わいせつ行為を行なうことを断念。いったんは塒へと戻った。

しかしやはり、欲望を抑えきれない。彼は再び塒を発《た》ち、吾妻橋を渡り、江戸通りへと出た。そこで被害者となる女性の後ろ姿に目を留め、後をつけ始める。被害者が偶然後方を振り返り、その顔を見た山口被告は、可愛《かわい》い女性だと感じた。一方、変な顔をして睨《にら》み付けられたとも思う。瞬間、馬鹿《ばか》にされたと感じたため激昂《げっこう》し、殺意を抱くに至った。差していた傘を捨て、被害者の背後に接近する。

山口被告は、ベルトから取り出した包丁を右手に持ち、いきなり被害者の背部を一回突き刺し、さらに背後から両肩を鷲摑《わしづか》みにして、ビルの間の路地へと連れ込んだ。被害者を仰《あお》向《む》けに倒し、その体に馬乗りとなる。被害者は、突然の凶行に遭って、「やめて、やめて」と大声で悲鳴を上げ必死に救いを求めたが、山口被告は、意に介することなく、包丁で前胸部および腹部などを力一杯に約三回突き刺し、頸部《けいぶ》を両手で締め付けた。

「お前、何やってんだ。警察を呼ぶぞ」

隣接するマンションの二階住民がそう叫んだ。この声を耳にした山口被告は、ただちに犯行現場から逃走する。

以上が、検察側が描く事件の構図だ。冒頭陳述から論告求刑まで、その内容は一貫して変わらない。

これに弁護側は、こう反論する。

「被告人には、確定的殺意どころか、わいせつ行為を行なう目的もなかった」

確かに、「睨み付けられて馬鹿にされたと思い、殺意を抱いた」というだけでは、殺害動機として説得力に欠けるように思う。だが世の中には、理解不可能な殺人事件もあるかもしれない。

裁判の中で、山口被告は、「わいせつ目的」について聞かれると、聞き取りにくい低い声で、「違います」と答えた。しかし検察側は、論告求刑において、「被告人は、生々しい性的な欲望を持っていた」と指摘。この主張を補完するため、その一週間前に開かれた公判の際、三本のビデオテープと五冊の雑誌を証拠品として提出していた。どちらもアダルトものだった。

すべて、逮捕時に山口被告が雇用されていた建設会社の寮から押収《おうしゅう》されたものだ。数少ない所持品の中に、アダルトビデオやアダルト雑誌が含まれている。したがって山口被告は、常に性的欲望を抱いていた。そんな論理立てである。

この公判での弁護人と山口被告との遣《や》り取りは、こうだった。

「君は、このビデオをどうやって手に入れたんですか」

「ごみ箱に落ちてたんで……」

「拾ったんだね。じゃあビデオの内容に興味を持ったから、拾ったんですか」

「売れるんじゃないかと思って……」

「このビデオを、実際に見たことはあるんですか」

「いや……」

「そもそも君は、ビデオデッキを持っていませんよね」

「はい」

「それでは、雑誌のほうは、見覚えがありますか」

「これ持っていないです」

「君のものじゃないの」

「寮にあったやつだと……」

「じゃあ、警察が適当に持ってきたの」

「たぶん……」

これでは、提出された証拠品が「わいせつ目的」を立証するための材料とは成り得ない。しかし、だからと言って、この受け答えによって、「わいせつ目的」が否定されたわけでもない。

山口被告は公判中、「包丁を被害者に向けて取り出したのは、なぜ」と何度も問われたが、「友達になりたかった」と繰り返すのみだった。これも普通に考えれば、不可解な動機である。

「友達になりたい人には、そんなこと絶対にしちゃいけないんじゃないですか。そのことって分かりますか、分からないですか」

弁護人にそう訊《たず》ねられると、山口被告は、しばらく間を置いて、「分かりません」とぼつりと呟《つぶや》いた。

知的障害者と関わっている私自身の経験からして、山口被告が演技をしているようには思えない。知的障害者福祉の現場では、このようなことは日常茶飯事だからだ。

以前、こんなことがあった。ある知的障害者の男性が満面の笑みを浮かべながら、尖《とが》った箸《はし》の先端を私のほうに向け、近付いてきた。彼に関わっている福祉施設職員に聞いてみると、前日の夜、刑事ドラマを見ていた際、犯人役の俳優がナイフを手にして、相手を従わせるシーンがあったらしい。どうやら彼は、その場面を、「二人は仲良くなった」と捉えて頭の中にインプットしていたようである。

が、しかしだ。山口被告が起こした事件に関しては、どんな動機であろうとも、殺人にまで至ったという点がどうしても理解できない。山口被告は、被害者を刺したことについて、「覚えていない」という答えに終始している。

弁護側証人として法廷に立った岐阜大学医学部の高岡健助教授（当時）は、次のように証言した。

「被告人は自閉性障害などの広汎性《こうはんせい》発達障害の可能性が高い。その被告人が仲良くしたいと思って近付いた女性から、想定外の抵抗を受けた。広汎性発達障害の人は、急激な変化に対応できず、すぐにパニックを起こしてしまうという特徴を持っている。そうなった場合、記憶の欠損が生じることもある」

検察側は、反論する。

「『警察を呼ぶぞ』と、咎《とが》められるやいなや、現場から逃走していることなどから、記憶の欠損は認められない」

だがいずれにせよ、人ひとりを殺《あや》めてしまったのである。何の罪もない若い女性の命を、突然奪い取ったのだ。その事実は、あまりにも重大で、絶対に許されるべきものではない。

この裁判の傍聴席には、いつも被害者の母親の姿があった。当然のことながら、長期化する裁判は、被害者遺族にとっては大きな苦痛となる。検察側は、論告求刑の中で被害者の父親の言葉を引用した。

「山口君、あなたにも心があるでしょう。起こした事件の重大さを感じる心があるでしょう」

裁判の過程で弁護側も、被害者両親の意見書、被害者女性の幼い頃からのアルバム、さらには友人たちが記した悲しみと怒りに満ちた手紙など、それらを次々と山口被告に突きつけ、犯した罪の大きさとその責任を認識させせようとした。

結審を迎えた日、山口被告は、「本当に申し訳ないことをした」と証言台で語った。しかし、抑揚のないその声からは、反省の気持ちはほとんど伝わってこなかった。

そして、無期懲役という一審判決が下された五日後、山口被告は、自らの意思で東京高等裁判所に控訴した。弁護人への相談は全くなかった。

反省とは何か

判決公判の前日、私は東京拘置所近くの食堂において、はじめて山口被告の父親と会った。福祉関係者に連れられ、息子・誠との面会に来ていたのだ。意外にも、小柄な人物で、終始、人の良さそうな笑顔を絶やさない。だがそれは、本能的に身に付けた自己防衛術のようにも感じられる。話をしても、暖簾《のれん》に腕押しというか、息子のことなどあまり頓着《とんじゃく》していない様子だった。父親としての反省の言葉もない。

私は、数日前のある場面を思い出した。

東京都内の喫茶店で、私は一人の人物と向かい合っていた。軽度の知的障害を有する、三〇歳代前半の男性である。

障害者手帳を所持する彼、そして人懐《ひとなつ》っこい笑みを浮かべながら話す彼ではあるが、一ヶ月ほど前までは懲役刑に服していた元受刑者だった。出所後の暮らし向きについて話を聞くことが目的だったが、どうしても元受刑者同士の会話というのは、塀の中での体験談へと話が逸《そ》れてしまう。服役経験者同士が会うと、安心感と心地よさを覚え、欣々然《きんきんぜん》とさえしてしまうのだ。彼は、獄中経験を誇らしげに語っているようにも見えた。そんな会話のなか、何度も質《ただ》してみたが、彼からは、「反省」という言葉は全く出てこない。いや、反省という言葉の意味がよく理解できていないように感じた。私が獄中で共に過ごした知的障害のある受刑者たちも、やはり同じだった。

仮釈放が許可されるうえでの最も重要なバロメーターは、「受刑者本人の反省の度合い」だ。通常、有期刑の受刑者は、刑期の三分の一を経過した時点で、来所した保護観察官との一対一の面接が行なわれる。その場で反省の弁を口にすれば、大抵の保護観察官は言葉通りに受け取り、「改悛《かいしゅん》の情あり」と更生保護委員会に報告してくれるのだ。そこで面接前には必ず、担当刑務官から、「演技でもいいから反省の態度をとるように」とのアドバイスを受けることになる。

ところが、知的障害のある受刑者たちの多くは、その声にもまったく関心を示さず、馬耳東風といった体だった。結局、仮釈放日は、限りなく刑期満了日に近づいていく。悔悟の態度を表すことができない人たちである。たぶん、裁判の場でも、言葉を発することなど、ほとんどなかったと思われる。そして、無銭飲食、無賃乗車、自転車泥棒といった罪で刑務所に送り込まれてくる彼ら。出所後も行く当てのない者が多い。塀の外に出たとしても、またすぐに軽微な罪を犯し、刑務所に戻ってくるのではなかろうか。

山口被告の場合は、刑務所への入出所を繰り返すなか、取り返しのつかない罪を犯してしまった。

「今回の裁判が彼に本当の反省と苦しさを体験させ、贖罪《しょくざい》意識を生む場であって欲しい、そんな思いで弁護をしてきた」

副島弁護士のこの言葉は、かつて被告人だった私の胸にも突き刺さる。被告人にとって、いや人間にとっての反省とは、一体何なのか。

まず考えられるのは、成長する過程で学習した「反省」という概念に基づき、それを言葉や態度で表すことである。人間社会においては、反省を自己に留めておくのではなく、他者に伝えることが求められるからだ。

だが、多くの知的障害者は、他人とのコミュニケーションを苦手としている。人との交流を通して身に付けるはずの倫理的基準が、知識としてなかなか備わらない人たちだ。したがって、法を犯した場合も、容易には反省に結びつかない。よしんば反省に辿《たど》り着いたとしても、その意思を外に向かって発信するスキルがない。

しかし、果たして反省が、外形的表現によってのみ判断されていいものなのか。反省とは、本来、心の中で起こる内面的現象をさすものではなかろうか。犯した罪を意識し、その自責の念に煩悶《はんもん》すること。それが反省ではないのか。

山口被告は、そうした反省に至っただろうか。それは、最後まで分からないままだった。

この国の司法はいま、彼ら知的障害者の内面を窺《うかが》う術《すべ》を持ち合わせていない。結果的に彼らは、反省なき人間として社会から排除され、行き着く果てが刑務所となる。

こうした現実に、社会はどう向き合えばいいのだろうか。山口被告のような人間は、社会の中でどう生きればいいのか。また社会は、彼のような存在をどう受け入れればいいのか。そのことが問われた事件だった。

そして、一審判決から約四ヶ月後、事件の結末が訪れた。二〇〇五年四月一日のことである。山口被告は、弁護人と何の打ち合わせもなく、突然、控訴を取り下げてしまった。再び受刑者となり、刑務所の中で暮らしていく道を自らが選んだのだ。

第二章　障害者を食い物にする人々——宇都宮・誤認逮捕事件

刑務所にいることが分からない受刑者

「おい お前、ちゃんとみんなの言うことときかないと、そのうち、刑務所にぶち込まれるぞ」

そう言われた障害者が、真剣な表情で答える。

「俺、刑務所なんて絶対に嫌だ。この施設に置いといてくれ」

悲しいかな、これは刑務所内における受刑者同士の会話である。

かくの如《ごと》く、私が獄中で出会った受刑者のなかには、いま自分がどこにいて何をしているのかすら全く理解していない障害者がいた。さらには、言葉によるコミュニケーションがほとんどできない、重度の知的障害者もいる。刑法第三九条でいう「責任能力」の有無はともかくとして、私には、彼らが「訴訟能力」や「受刑能力」を有しているとは、とても思えなかった。

「この人たちは、一体どんな裁判を受けてきたのかね」

刑務官たちは、彼らと接するたびに、そう言って首を傾《かし》げていた。私も同感である。が、それ以上に、警察官や検察官の取調べがどのようにして行なわれていたのか、という点のほうが気になっていた。

実は刑務所の中でも、取調べは頻繁に行なわれる。それは、規律違反を犯した受刑者に「懲罰」を科す過程においてである。

どの受刑者もが恐れている懲罰。独房での閉居を命じられるだけではなく、作業賞与金を没収されたり、食事の量を減らされたりもする。当然ながら、仮釈放の時期も遠退《とおの》いてしまう。このように受刑者にとって大きな不利益をもたらすだけに、懲罰は、突如一方的に下されるものではない。日本の刑務所の場合、規律違反者は、「懲罰審査会」という、裁判のような手続きを経て、はじめて懲罰の言い渡しを受けることになる。そこに至るまでには、容疑者である受刑者への取調べはもちろん、違反行為を見聞きした他の受刑者に対する事情聴取も行なわれ、それぞれの供述に沿って調書も作成される。

私もたびたび事情聴取を受けていたが、知的障害者が容疑者である規律違反事件では、私が目撃した事実と容疑者本人の発言内容とが大きく食い違っていることが間々あった。たとえば、他の受刑者への暴行容疑によって懲罰審査会にかけられた、ある知的障害者は、取調べにおいて「○○さんを三発、思い切ってぶん殴りました」と口にしていたそうだが、実際は逆で、暴行を受けたのは彼のほうだった。

「私が暴行事件を起こしました。むしゃくしゃしていたからです」

そう事実とは正反対の供述をして、調書に指印まで押しているのだ。いまや暴力行為は、刑務所内での規律違反に留まらず、傷害事件として立件されるケースも増えてきているにも拘《かか》わらず、だ。自分にとっての利益・不利益を、まるで分かっていないのである。

また、受刑者仲間のなかに、顔を合わせるたび、「俺、人を殺した」と自慢げに話す知的障害者がいた。ところが、その刑期は一年六ヶ月という短期刑。これでは、殺人事件など起こしているはずがない。彼の場合は、周りの受刑者にからかわれ、「お前は人殺しだろ」と何度も何度も繰り返し言われているうちに、自分自身、本当にそうだと思い込んでしまったらしい。

知的障害のある受刑者に関しては、こうした例が数えきれないほどある。彼らは、他人からの言葉に影響を受けやすく、時には自分の記憶よりも人の話のほうが優先し、その結果、現実とフィクションとを混同してしまうのだ。

彼ら知的障害者の多くは、他人との会話のなかで、相手と自分との力関係を鋭敏に感じ取っている。そして、相手が「怖い人」だと察すると、叱責《しっせき》されることや反論されることを恐れ、ただただ迎合的な受け答えに終始してしまう。相手に言われるがまま、平気で事実とは異なる発言をし、それが彼らにとっての現実となる場合もあり得るのだ。たとえ荒唐無稽《こうとうむけい》な話であろうと、いとも簡単に頭の中に貼《は》り付けられる。

そんな彼らである。前述した二人の知的障害者はいずれも窃盗罪による服役だったが、実刑判決を受けたその事件でさえ、本当に彼らが遣《や》ったのかどうか疑わしい。そう思わざるを得なかった。

自白調書に強く依存している我が国の刑事司法だ。彼ら知的障害者がその特性ゆえに、取調べや公判において、事実と反する供述へと強引に誘導されるような場面はなかっただろうか。結果的に、無実の罪で服役している知的障害者も少なからず存在するのではなかろうか。服役中の私には、そんな疑念が日々膨らんでいた。そして出所後、多くの知的障害者と関わるなかで、その思いは益々《ますます》大きくなっている。

二〇〇五年二月、そうした危惧《きぐ》が、現実のものとして明らかになる事件が起きた。

誤認逮捕

「知的障害者の冤罪《えんざい》事件が起きたってこと、知ってるか」

二月一九日の夜、私の自宅に、栃木県内に住む学生時代の友人から、突然そんな電話が掛かってきた。私は、前日の新聞に掲載されていた、ある記事を思い出しながら答える。

「栃木県警がやらかした誤認逮捕のことだったら新聞に載ってたけど、あれって、逮捕されたのは知的障害者だったのか。いやー、全然知らなかったよ」

実際、この件に関する全国紙の報道は、各紙ベタ記事扱いで、「昨年の四月と五月に洋菓子店と生協のスーパーから計約14万円が奪われた強盗事件の容疑者として、宇都宮東署が無職の男性（53）を誤認逮捕し、宇都宮地検もそのまま起訴していた。別の強盗事件で先月逮捕された男が、二件の強盗を自供したため、誤認逮捕・起訴が発覚した」と、最低限の事実を伝えているに過ぎなかった。逮捕された男性が知的障害者だったとは、全く触れられていない。

友人は「じゃー、こっちの新聞記事を送るよ」と言って電話を切り、すぐにファクシミリを送信してくれた。

七枚に及ぶA4判用紙。それは栃木県の地方紙「下野《しもつけ》新聞」をコピーしたもので、次のような見出しが、まず目に留まる。

下野新聞2月18日――「県警、強盗で誤認逮捕」「宇都宮地検も起訴」「容疑者は別

下野新聞2月19日――「地検、県警 ミス認め謝罪」「供述 過信していた」「男性の
　　知的障害認識」「裏付け捜査も省略」

全国紙は一〇行ほどでまとめていた記事だが、地元紙では連日一面トップで取り上げ、かなりの紙面を割いているようだ。

「男性は知的障害者の療育手帳を持っている」

下野新聞によると、逮捕された男性の関係者はそう話しており、県警側も男性について「知的障害の疑いがある」と認識していたという。そのうえで県警は、まず「調べには非常に気を使った。取調官の誘導や強要は一切なかった」と説明し、「男性の人相が被害者の目撃情報と似ており、供述した犯行状況もおおむね一致したことなどから、最終的に物証はなかったが、慎重に吟味して容疑者として逮捕した」としている。

宇都宮地検も、「男性の物事の判断能力に担当検事は相当の疑問を持っていたが、既に刑事責任能力があるとして暴行罪で起訴していた。強盗事件の自白が揺れることはなかった」などと弁明。さらに、「捜査段階や公判段階の最初から否認していた事

件で、後から真犯人が出てきたケースはあるが、今回のように最初から一貫して犯行を認めた後に犯人が現れたことは初めて」と強調しているそうだ。

誤認逮捕された男性は、重度の知的障害者だという。果たして、県警や地検が釈明するように、本当に誘導や強要もなく、本人自らが犯行を認めていたのだろうか。

その点、どうしても得心《とくしん》がいかない私は、もっと詳しくこの事件を調べてみることにした。

連続強盗事件

誤認逮捕に至る事件の発端は、こうだった。

二〇〇四年八月八日、日曜日のこの日、宇都宮では市の一大イベント「ふるさと宮まつり」が開催中で、多くの人々が祭り気分に酔っていた。そんななか男性は、いつもと変わらず、一人行く宛《あ》てもなく、市内を徘徊《はいかい》していた。午後八時過ぎ。擦れ違った女性に、「くそじじい」などと強い口調で罵《のの》りを受ける。これに腹を立てた男性は、罵倒《ばとう》した女性と勘違いし、無関係の女子中学生二人の首を摑《つか》んでしまう。そして、早くもその翌日、被害届を受けた宇都宮東署によって、暴行容疑で逮捕される。

この逮捕勾留《こうりゅう》中に男性は、同年四月と五月に発生した二件の強盗事件について、犯行を認める供述をしたのだ。いずれの強盗事件も、捜査に行き詰まっていた未解決事件だった。

では、その強盗事件とは、どのような犯行だったのか。

まず一件目の事件である。

四月二九日午後八時頃、閉店直後の洋菓子店。店長の女性（四八歳）が通用口から外に出たところ、突然、手に包丁を持った男が近づいてきた。男は、「中に入れ」と店長に命じる。

「殺すぞ」

店内に入ると、男はそう凄《すご》み、店長の首筋に包丁を突きつけた。そして所持してきた目出し帽を素早く被《かぶ》り、さらにサングラスもかける。赤い色が入った、特徴のあるサングラスだった。店内にはもう一人、女性店員（一九歳）が残っていたが、同じように脅され、竦《すく》み上がってしまう。

「お金ですか」

命乞《いのちご》いをしながらそう聞く女性店長。男が「そうだ」と答えたため、急いで現金が入った赤い布袋を手渡した。袋の中には一三万三〇〇〇円が入っている。

現金を受け取った男は、店長に対して、女性店員の手をガムテープで縛るように指示した。店員の両手首がテープで縛り付けられるや、今度は、男自らが店長の両手を縛り上げる。

そして男は、怱々《そうそう》とその場から走り去っていった。

この事件から一週間後、二件目の強盗事件が起きる。

五月六日の午後七時半頃、男は、営業が終了した「とちぎコープ生活協同組合金井台店」の裏口から店舗内に侵入した。

「金を出せ」

店内にいた二人の女性店員（五一歳と四四歳）に向かって、男は叫ぶ。すでに目出し帽を被っており、やはり手には包丁を持っていた。驚いた女性が、自分のハンドバッグの中から現金六〇〇〇円を取り出し、男に差し出す。すかさず男は現金を奪い取り、さらにもう一人の女性にも「金をよこせ」と迫った。

「すみません、お金を取られたら夕飯のおかずが買えなくなるんで、勘弁してください……」

女性がそう懇願すると、意外にも男はあっさりと諦《あきら》め、すぐさま逃げの体勢に移った。

「電気を消せ」

男の言葉を受け、女性の一人が電気のスイッチがある場所を教える。それを確認した男は、二人の女性を奥の部屋へと行かせ、そのうえで、店舗内の電気をすべて消した。そして時を移さず、裏口より逃げ去る。周到にも、ドアの鍵《かぎ》を掛けてから逃走していた。

こうして行なわれた二つの強盗事件。閉店時間を見計らって押し入る手口や、逃走の際の手際《てぎわ》の良さなど、かなり手馴《てな》れた者の犯行だとの印象を受ける。どう考えても、知的障害のある人間がこれだけのことを遣って退けたとは思えない。

だが警察は、重度の知的障害者を連続強盗事件の犯人として誤って逮捕した。一体どういう経緯で、逮捕・起訴となったのか。

物証ゼロ

男性が暴行容疑で逮捕された当時、宇都宮東署は、管内で発生した二件の強盗事件の捜査が難航しており、その犯人逮捕に躍起になっていた。そうしたなか、男性が口にした言葉に捜査陣は色めき立つ。

「俺、赤いサングラス持ってる」

赤いサングラスといえば、一件目の強盗犯がかけていたサングラスと同じだ。そこで、取調官が男性に余罪を追及したところ、二件の強盗事件とも「俺がやった」と簡単に認めたという。暴行容疑で逮捕後一一日目の八月二〇日には、強盗事件の犯行を自供する調書が取られている。

宇都宮東署は、男性の強盗容疑での立件に向けて、証拠固めを急いだ。

まずは、捜査員が洋菓子店へと出向き、被害女性二人に対する写真面割を行なう。捜査員は、二人に一〇枚以上の顔写真を提示した。それぞれ別の人物が写っている写真だ。すると、若い店員のほうが、「なんとなく、犯人に似ている」と男性の写真を選んだのである。だが、その証言は曖昧《あいまい》であり、店長のほうは、「自信がない」と写真の選択を留保している。また、二件目の事件における被害者二人については、犯人が侵入時から目出し帽を被っていたため、写真面割は不可能だった。

次に捜査員は、洋菓子店での被害品、現金が入っていた赤い布袋の捜索にあたる。しかし、男性が「隠した」とする場所を隈《くま》なく探したが、結局、袋は発見されなかった。

そして九月二日、男性が住むアパートを家宅捜索。部屋には、男性の発言通り、赤いサングラスがあった。捜査員は勇躍して、物的証拠になり得るその赤いサングラスとともに、台所にあった包丁一本を持ち帰った。ところがである。押収《おうしゅう》した二品とも、犯行とは無関係だったことが、すぐに判明する。

このように、証拠につながるような物はまったく見つからないでいた。が、男性は、九月八日、強盗容疑で再逮捕されることになる。当時の新聞は、これを次のように報じている。

「宇都宮市で4月、ケーキ店に男が押し入り現金約13万円を奪った事件で、宇都宮東署は8日、別の事件で逮捕していた同市石井町、無職○○容疑者（53）を強盗の疑いで再逮捕した。○○容疑者は容疑を認めているという。——（中略）——同署は8月8日夜、同市石井町の路上で前を歩いていた中学2年の女子生徒2人（ともに13）の首を絞めるなどした疑いで○○容疑者を逮捕、ケーキ店強盗発生の際に作成した似顔絵と○○容疑者が酷似していることから、追及していた。また○○容疑者は、5月6日に同市御幸ヶ原のとちぎコープ生活協同組合金井台店が強盗に襲われた事件についても自供しており、同署では確認を進めている。同容疑者は調べに対し、『飲み食いする金が欲しかった』と話しているという」（朝日新聞九月九日付朝刊・○○は実名）

この逮捕後、男性の供述調書が次々と作られていった。一件目の事件に関しては、警察官調書七通と検察官調書二通、二件目については、警察官調書三通と検察官調書二通が作成された。

物証は何もない。にも拘《かか》わらず、宇都宮地検は九月二九日、自白調書のみを頼りに、男性を起訴した。こうして重度の知的障害者である男性が、連続強盗事件の被告人となったのである。

重度知的障害者は医学的にいって、精神年齢は三歳から五歳程度である。そんな人間を、どう裁くというのだろう。

「俺、やってねぇーんだ」

初公判は、二〇〇四年一〇月二二日に行なわれた。男性は、罪状認否において、裁判官からの「起訴事実に間違いありませんか」との問いかけに対し、「はい」と頷《うなず》いた。続いて、弁護人も「間違いありません」と応じる。被告人本人が自白している裁判だ。弁護人は、はじめから、有罪か無罪かを争うつもりはなかった。重度の知的障害者であることを理由に、減刑を望む戦術でいた。

第二回の公判は、一一月七日。ここで、弁護人が求めていた精神鑑定は、あっさりと却下されてしまう。そうなると、他に情状酌量のための材料を揃《そろ》えるしかない。被告人尋問で弁護人は「被害弁償をするつもりはありますか」と質問し、男性が「はい」と答えている。そしてその後、早くも検察官による論告求刑が行なわれた。

「被告人は、金銭欲しさから短絡的な強盗の犯行に及んでおり、障害者年金を受給する生活環境にあることを考慮しても、それが強盗の犯行に及ばなければならない理由になることはあり得ないのであるから、特に酌量すべき事情はない」

「被告人に対しては、再犯の防止はもとより、順法精神を涵養《かんよう》するためには、相当長期間にわたって実刑に処し、矯正施設内における徹底的な矯正措置を受けさせるしか、更生させる途《みち》はない」

検察官はこのように断じ、男性に懲役七年を求刑した。

これで結審である。あとは、一二月二四日に予定されている判決公判を待つばかり。しかし、判決公判直前のことである。男性の養父が拘置所に面会に行き、「本当にやったのか」と強い調子で確認したところ、男性は突然、「俺、やってねぇー」と犯行を否認し始めたのだ。

一二月二四日に開かれた第三回公判。弁護人からの要請により、判決の言い渡しは延期され、被告人に陳述の機会が与えられる。男性は、「俺、やってねぇーんだ」と発言し、はじめて法廷の場において無罪を主張した。

さらに、年が明けて二〇〇五年一月一日、被告人に対する尋問が行なわれる。弁護人と男性との遣《や》り取りは、次のようなものだった。

「裁判が始まる前、私に『やってない』って言ってないよね」

「うん」

「なんで言わなかったの」

「忘れてた」

「忘れてたっていうのは、何を忘れてたの」

「言うのを忘れてた」

「そういうの忘れてたってこと、よくあるの」

「うん」

「ここにいる裁判官に『間違いないですか』って言われて、『はい』って言ったんだよね。覚えてる」

「うん」

「なんで間違えて『はい』って言ったの」

「考えつかなかったんだよね」

ここで、裁判官が割り込む。

「じゃー今度は、『やってねぇ』って考えついたんですか」

「なんだか頭のほうで考えてたのが、『俺、やってねぇ』っていうのを考えついたんだ」

「考えついたのは、いつですか」

「うーん」

再び弁護人の質問に戻る。

「『やってる』って言った時と『やってない』って言った時では、何が違うか分かる」

「分かんねぇーんだよ」

こうした遣り取りが続き、第四回公判は終了する。

ところが、それから六日後、事態が一変する出来事が起きた。真犯人が逮捕されたのだ。

一月一七日、スーパーの駐車場で女性を拉致《らち》し現金を奪ったとして、五六歳の男が逮捕監禁・強盗の容疑で宇都宮東署に緊急逮捕された。男は、余罪を追及され、二件の強盗事件についても「自分がやった」と供述したのである。その後、県警が裏付け捜査を行なったところ、洋菓子店の事件の翌日、男が貸金業者に一三万円の借金返済をしていたことが確認された。また、男の自宅から、犯行時に使用した包丁、目出し帽、赤色のサングラス、運動靴などを発見。鑑定の結果、運動靴は、犯行現場に残されていた足跡と見事に一致した。さらに、洋菓子店での被害女性二人がマジックミラー越しに面通しを行ない、今回は二人とも、「犯人によく似ている」と確信を持って答えたのである。

このように、状況証拠も物的証拠も揃っていた。逮捕された男が真犯人であることに、疑う余地はない。そこで県警も地検も、罪のない男性を誤認逮捕・起訴していた事実を認めざるを得なくなった。宇都宮地検は、男性の名誉を回復するため、起訴の取り下げではなく、今後の公判のなかで無罪判決を求める方針だという。異例の「無罪論告」が行なわれるのだ。

それにしても、もし真犯人が現れていなかったら、どうなっていたのだろうか。きっと男性は、凶悪な強盗犯として裁かれ、長期間、刑務所に服役することになっていただろう。危うく、冤罪《えんざい》事件が発生するところだった。いや、すでに男性は、半年以上にわたって不当に勾留されているのだ。これだけでも立派な冤罪である。

警察・検察のためのセレモニー

二〇〇五年二月二五日、宇都宮市内には、数日前に降った雪がまだ所々に残っていた。最高気温は摂氏三度。底冷えのする寒さだった。

この日、宇都宮地方裁判所では、誤認逮捕された男性への無罪論告が行なわれることになっていた。誤認逮捕の公表から一週間、急遽《きゆうきよ》、組み入れられた公判だけに、開廷時刻は午後四時一五分と、いかにも中途半端《はんぱ》な時間である。

午後四時過ぎ、三〇二号法廷前には、開廷を待つ多くのマスコミ関係者や傍聴人の姿があった。一時間ほど前からそこにいる私であったが、周りの傍聴人たちの様子を窺《うかが》いながら、どうも釈然としない思いがしていた。

一般傍聴者の中には、警察関係者だと思われる人物が何人もいる。だが、それは当たり前のことかもしれない。自分たちの犯したミスを検察官がどう論じるかは、彼らにとって大いに気になるところであろうから。したがって、傍聴人の中に警察関係者がいても、何ら不思議はない。しかし一方で、私が「大挙して傍聴に来るのでは」と考えていた人たちの姿は、どこにも見当たらなかった。言うまでもなく、それは福祉関係者だ。それらしき人を見つけては声を掛けてみるが、いずれも福祉関係者ではなかった。地元「下野新聞」が、誤認逮捕された人物が重度の知的障害者であることを、あれだけ大々的に報じていたのだ。今回の裁判には、警察や検察に対する抗議の意思を示すため、大勢の福祉関係者が押し寄せて来るに違いない。そう私は思い込んでいたが、実際はまったく違った。どうやら男性は、重度の知的障害者であるにも拘わらず、福祉とは一切つながっていなかったようである。

開廷三分前の三〇二号法廷。二八席ある傍聴席もすべて埋まり、裁判官が入廷してきた。その裁判官は私にとって、因縁浅からぬ人物である。四年前、東京地方裁判所において、私に「懲役一年六ヶ月」の実刑判決を下した裁判官だった。だが、怒りや恨みといった感情はない。いや、服役体験を与えてくれたことに感謝しているくらいだ。私は、冒頭のカメラ撮りの間、ただただ懐《なつ》かしい思いで裁判官を眺めていた。

午後四時一五分、坊主頭《ぼうずあたま》の男性が三人の刑務官に付き添われて入廷する。誤認逮捕の被害者・山田正さん（仮名）、その人である。黒のジャンパーに赤いズボン姿の山田さんは、被告人席に辿《たど》り着くまで、緩《ゆる》り緩りと左足を引き摺《ず》るようにして歩いていた。

公判のたびに、こんな調子で入廷していたのであろうか。そうだとすれば、「犯行後、素早く走り去った犯人とは別人では」というような疑念を、誰も抱かなかったのか。いや、それ以前に、山田さんの容貌《ようぼう》を見ただけで、「強盗犯とは違う」と思わなかったのだろうか。私からしてみれば、彼の様子は典型的な知的障害者のそれであり、手が込んだ事件を起こせそうな人物にはとても見えない。

被告人席に着いた山田さんは、落ち着かない様子だった。目を瞬《まばた》きながら、不安そうに何度も傍聴席を振り返っている。たぶん、養父を探しているのであろう。

「犯人が他にいることが判明したので、改めて意見を述べる」

検察官による論告が始まった。原稿から目を離すことなく、用意していた文章を無表情に読み上げる検察官。意識的に表情を消し去っているようにも感じる。マスコミをはじめ多くの傍聴者の前で、誤認起訴という失態を認めなくてはならないのだ。さらには、山田さんへのお詫《わ》びも必要であろうし、当然、論告のなかで謝罪を述べる場面があるだろう。

論告は淡々と進む。だが、検察や警察の非を認めるような言葉は、一向に出てこなかった。それどころか、捜査の適法性を強調しつつ、「逮捕後も、被告人が一貫して自白を維持していた」「被害者供述と大筋で符合する供述をしていた」「被告人には、取調官に迎合する供述態度が見られる」「被告人の捜査段階の供述には、任意性が認められる」などなど、あたかも自供した山田さんのほうに責任があるような言葉が続く。虚偽の自白に振り回された自分たちのほうこそ被害者だ、と言わんばかりの内容だ。

最後に検察官は、「被告人が本件犯行に関与していないのは明らかであるから」と切り出し、二件の強盗事件について無罪判決を求めた。ただし、強盗罪と暴行罪を併合した懲役七年の求刑が破棄されただけで、暴行罪に関しては、改めて懲役八ヶ月の求刑がなされたのである。

結局、山田さんへの謝罪は、一言もなかった。この論告の一体どこが、山田さんの名誉回復につながるというのだろうか。実は、目的は逆のところにあったのではなかろうか。そう勘繰りたくなるような論告の中身だった。検察や警察の名誉を回復するために仕組まれた論告セレモニー。そんな気がしてならない。

「何か言うことはないですか」

公判終了間際《まぎわ》、裁判官が山田さんにそう問い掛けた。それに対して山田さんは、「ない」とだけ答える。論告の内容など、ほとんど理解できていなかったに違いない。

そして閉廷後、山田さんは、またも、隣接する宇都宮拘置支所へと連れていかれた。いまだ、勾留《こうりゅう》取り消しが認められていなかったのだ。

公判終了から約一時間後の午後五時五八分、弁護人の請求に応じて、ようやく裁判所が保釈を許可した。その情報を耳にした私は、早速、宇都宮拘置支所の出入口へと移動する。

午後六時二二分、ついに山田さんが、拘置支所の中から姿を現した。二〇〇日ぶりに塀の外へと解放されたのである。人懐《ひとなつ》こい笑みを浮かべながら、門衛の刑務官にぺこりと御辞儀する山田さん。すると、すぐに怒鳴り声が聞こえてくる。

「こらっ正、そんな奴《やつ》に頭なんか下げてどーすんだ。お前がどういう立場だったのか分かってんのか」

その声の主が、山田さんの養父だった。

不自然な親子関係

「きょう、こうやって出てこられたから、いいようなもんだけどよ、警察にはもっと反省して欲しいよ。俺は、正が犯人じゃないって、はじめっから分かってたんだ。ひらがなの読み書きも、足し算・引き算もできないんだからな。こいつの知能の程度からしたら、強盗なんかやれるはずないんだ。それに足にも障害を抱えてんだし、悪いことしたって、逃げ切れるわけがない。そんなこと、誰が見たって分かりそうなもんだけどな。でも警察は、はじめっから犯人だと決めてかかってたんだ。面会の時、正が言ってたんだけど、『お前がやったんだろ』って、何度も何度も取調べの奴に怒鳴られたんだそうだ。知的障害があることをいいことに、いいようにやられてたんじゃないか」

養父は、拘置支所の駐車場において、激しい語勢で私にそう捲《まく》し立てた。

「じゃー、なぜ懲役七年の求刑を受けた途端、突然『やってない』って言いだされたんでしょうか」

この私の質問に、養父は首を振りながら答える。

「いやいや、強盗で逮捕された時から、ずーっと、『やってない』って言ってたさ。弁護士には『やった』って言ったそうなんだけどな、俺が面会に行って『本当は、やってないよな』って聞くと、必ず『やってない』って答えてた。でもまあ、正はこちらがきつく言うと、なんでも言う通りのことを答えるからな。相手に調子を合わせる感じでさ。けど、去年の年末は、ちょっと違ったな。俺が『懲役七年って分かるか、長いんだぞ。正月の雑煮を七回も喰えなくなるんだから』って言ったら、本気で『俺、やってねぇーんだ、早く家に帰りたい』ってなったんだ」

なるほど、養父の話はよく分かる。知的障害のある人たちに有り勝ちな話だ。

私の目の前にいる山田正さん。先ほど来、話を聞くでもなく、ただ手持ち無沙汰《ぶさた》そうに二メートルくらいの範囲をうろうろしている。私と視線が合うと、すぐに目を逸《そ》らし、照れたような笑顔をつくった。そんな正さんに、声を掛けてみる。

「正さん、長い間、大変でしたね。拘置所の中の生活はどうでしたか」

正さんは、「うん」と言っただけで、下を向いてしまった。思った通り、抽象的な質問には答えられないようだ。あるいは、得体の知れない人間に話しかけられた戸惑いと緊張から、口を噤《つぐ》んでしまったのかもしれない。

「私も拘置所に入っていたことがあるんですよ。暑い時期だったんで、体中から汗が噴き出てました。でもいまの時期は、本当に寒いでしょうね。正さん、あそこの中は寒かったですか」

「うん、寒かった」

私が拘置支所の建物を指差しながら、そう訊《たず》ねると、正さんは俯《うつむ》いたまま答える。

さらに、もう一度質問してみた。

「でも、建て替えで新しくなっているところもあるようですし、もし正さんがあそこにいたんだったら、そんなに寒くなかったかもしれませんね」

今度は、反対の答えが返ってきた。だが結局は、「オウム返し」なのだ。これでは、取調べのなかで、いくらでも供述を誘導されてしまいそうだ。養父が口にした「いいようにやられていた」という言葉も頷《うなず》ける。

「じゃーそろそろいいか、こいつにゃー、何を聞いても分かりゃしねぇーんだからよ。ほれ正、行くぞ」

養父はそう言ってから、正さんを押し込むようにして自分の車へと乗せた。二〇〇日ぶりに戻ってきた息子への態度としては、かなり邪険なように感じる。それに、先ほど来、正さんに対する労《いたわ》りの言葉は一言もない。一体、養父と正さんとは、どのような関係なのか。そう思わずにはいられなかった。

養父の年齢は五七歳だそうで、正さんと四歳しか違わない。どう考えても、不自然な親子関係である。さらに気になる点があった。養父は、その話し振りや容姿からして、とても堅気の人間には見えないのだ。濃紺の縦縞《たてじま》スーツに柄物シャツ。黒いコートを羽織り、夜だというのにサングラスをかけている。渡された名刺には、「〇〇興業代表」と記されているが、何を生業《なりわい》にしているのかよく分からない。得体の知れない人物だった。

養父は今後、国や県を相手取っての「国家賠償請求訴訟」を起こす予定だという。私は、捜査当局を厳しく批判する養父の姿に、幾ばくかの危うさを感じていた。もし養父が脛《すね》に傷持つ身であったとすれば、警察組織を向こうに回しての裁判は、「藪《やぶ》をつついて蛇を出す」結果になることも予想されるからだ。

無罪判決

「主文、被告人を罰金二〇万円に処する。未決勾留日数のうち、その一日を金五〇〇〇円に換算して、その罰金額に満つるまでの分をその刑に算入する。強盗被告事件、平成一六年（わ）第七五四号、第八五六号については、被告人をいずれも無罪とする」

二〇〇五年三月一〇日の午後二時過ぎ、宇都宮地裁の三〇一号法廷において、正さんに対する判決が言い渡された。

当然のことながら、二件の強盗事件については、無罪判決となった。しかし、暴行事件に関しては有罪だった。ただし、懲役八ヶ月の求刑に対して、裁判官が下した判決は二〇万円の罰金刑。それも、勾留されていた期間を一日当たり五〇〇〇円と換算することによって、実質的には罰金を免除している。

この日、私は傍聴席の最前列に座っていた。証言台の前に立つ正さんとの距離は三メートルほどである。「無罪」という判決主文が読み上げられた瞬間、正さんの様子を窺うが、彼の耳は全く裁判官の声を聞き取っていなかったように思う。判決内容よりも、後方の席を埋め尽くした傍聴人のほうが気になるようで、その目線は傍聴席に向けられていた。

だが、たとえ裁判官の言葉が耳に入っていたとしても、正さんにはその意味は理解できなかったはずだ。いや、正さんだけではない。私自身も、裁判官が口にした言い回しでは、すぐには判決内容を把捉《はそく》することができなかった。判決を言い渡す相手は、重度の知的障害者なのだ。もっと分かりやすい言葉で話すことはできないのだろうか。知的障害者への配慮は一切なされない、我が国の刑事裁判――。裁判官の発言にまるで頓着《とんじゃく》していない正さんの姿を見ながら、つくづくそう感じた。

「これから判決理由を述べます。少し長くなるから、被告人はそこに座りなさい」

この裁判官の言葉にも、なかなか正さんは反応を示さず、しばらくは佇立《ちょりつ》したままだった。弁護人から促され、ようやく腰を下ろす正さん。被告人という自分の立場すら、ほとんど分かっていないようである。

判決理由の読み上げは、三〇分ほど続いた。この間の正さんは、相変わらず風馬牛《ふうばぎゅう》といった様子で、最後に裁判官に「これで、あなたは無罪ということになりますね」と語りかけられた際も、表情一つ変えず押し黙っていた。

閉廷とともに、養父が被告人席に歩み寄る。すると正さんは、少しだけ口元を緩ませ、小声で養父に何やら話しかけた。だが養父は、それを無視するかのように、そそくさと法廷の出口へと向かい、「早く来い」と正さんに手招きする。

正さんは、左足を引き摺りながら、養父の後を追う。そして、養父の令に従い、裁判官席に向かって深く頭を下げてから、法廷を出て行った。

密室の取調べで何が……

ここで、判決の内容を振り返ってみたい。

まず、罰金刑となった暴行事件に関してであるが、裁判官は、「被告人は知的障害者で、その程度は重度である上、被告人の供述内容、態度からは、被告人が論理的な思考能力を欠き、事理弁識能力も十分とはいえないことが認められる」とし、「被告人が当時心神耗弱《こうじゃく》の状態にあったこと、暴行自体は強度なものではなかったこと」を理由に、「主文のとおり判決することとした」と説明した。

私にはこの判決は、検察側・弁護側の双方に配慮した折衷案のように思えた。しかし一般論で考えれば、首を捻《ひね》りたくもなる。普通、心神耗弱者が女性の首を軽く摑《つか》んで捕まった場合、果たして、裁判にまで持ち込まれることがあるのだろうか。たぶん、そうはならないだろう。起訴猶予《ゆうよ》か略式起訴に留まるはずである。結局は、誤認逮捕された強盗罪があったがために暴行罪も合わせて公判請求した、ということだったのではないのか。だとすれば、この判決には大いに疑問が残る。

そして次に、強盗事件についてである。裁判官は、正さんのことを、こう述べた。

「思い込みや方向付けがなされれば、それに沿って、場当たり的ではあるも、それなりの説明をするが、それは、相手方に言われたことや教えられたことを前提に、概《おお》ね それを繰り返しているだけであって、被告人が自らの力、意思で自己の言動を総合的に認識、判断したり、過去の記憶を保持して自ら再現したりしたものではないと窺《うかが》われ、被告人には、過去の記憶を十分保持し、それを正確に再現したり、自己の言動を論理的に判断、説明するような能力が十分に備わっていないといわざるを得ない」

そのうえで裁判官は、取調べにおける正さんの供述内容について言及する。

「約三ヶ月前のことについて、被告人が詳しく記憶しているとは考え難く、犯行様態等を詳しく供述した警察官調書が被告人の記憶のみに基づいてなされたものであるとは考えられない」

さらに続いて、警察の捜査手法にも疑問を投げかけた。

「被告人の供述内容が、取調べ警察官に迎合、誘導されたものであることが推察される。また、被告人が説明しなければ分からないような事項等について、被告人が検察官や公判廷で説明する内容や理由についても、その供述内容は、被告人が取調べ警察官に迎合、誘導された結果、あるいはまた、捜査段階の最初において、被告人が犯人であることの方向付けをされ、あるいは、そのように思い込みを形成させられた状況の下、以後、被告人がそれに沿った供述を繰り返したものであったと推測できる」

このように、判決文には「誘導」という言葉が何度も使われており、それは、警察捜査の違法性を強く示唆《しさ》するものだった。だが、その先に踏み込むことはなかった。

「どのような追及、問答がなされたのか、被告人の警察官調書がどのような取調べ手法を用いて作成されたかについては一切明らかにされていない」

裁判官はそう述べるに留まり、その後、捜査機関を非難する言葉も、改善策を求める言葉もない。

密室での取調べのなか、何があったのか。そして、いかにして虚偽の自白調書が作られたのか。結局、この判決公判では、そうした点について、真相が明らかになることはなかった。

見てきたような状況描写

県警はこの間、「結果的に誤認逮捕したことは認めるが、適正な捜査を行なっていた」との主張を変えていない。「誘導」などの違法性は、一切なかったというのだ。宇都宮地検も同様で、「誘導はなかった」と繰り返すばかりだった。

私の手元に、二〇〇四年九月二九日に作成された検察官調書の写しがある。そこには、正さんが自供したとされる内容が、極めて具体的に記されている。強盗に及んだ動機や犯行方法、それに事件を起こしたことに対する反省の言葉も含めて、実に事細かく書かれているのだ。たとえば、洋菓子店における犯行については、こうだ。

「包丁を店で働いている女の人に見せれば、すぐにお金を取ることができると思った。レンズの表が素通しで赤い色の付いたサングラスをかけて出掛けた。あまり人に顔を見られたくないからサングラスをかけていた。私は目だけ出る毛糸の帽子を右のズボンのポケットに突っ込んで出掛けました」

「私は冷蔵庫のある裏口に女の店員が出てくるのを見たので、その女の人を脅かしてケーキ店で売ったお金をみんな取ってやろうと思って、その女の人に近づいたのです。タオルでくるんでズボンのバンドにはさんで用意していた包丁を右手で取り出し、タオルはちょうど包丁の鞘《さや》のようにしていたので、ズボンのバンドに突っ込んだままで包丁がすぐ抜けた。裏口から出てきた女の店員に『ちょっとちょっと』と声をかけた。包丁をお腹《なか》のところから取り出して女の店員を脅かした。『中に入れ』と言いました。もう一人の店員がケーキを売るほうに逃げようとしている姿を見て『殺すぞ』と言って声をかけて脅かしてやりました」

「たくさんのお金を持ってアパートに帰ると、アパートにいる○○からお金を取り上げられると思い、二枚くらい赤い袋から出して、そのほかは赤い袋ごと草の中に隠した」

「私はケーキ屋さんの女店員二人を脅かしてお金を出させたことは、本当に悪かったと思っています。私が包丁を突き付けて脅かしてお金を取った女の店員は、本当におっかなそうにしていたし、もう一人の店員も本当にびくびくしていたので悪いことをしたと思っています」

以上が洋菓子店での事件に関するものだが、生協における犯行についても、同じように、詳細にわたる供述調書が作成されている。そのなかでは、「お金を取られたらご飯が買えない、と店員が言った」とも書かれていた。

このように検察官調書には、真犯人でなければ絶対に知り得るはずのない犯行状況が、縷々《るる》記述されているのだ。きっと取調官は、被害者の供述調書をもとに正さんの供述を「誘導」したのであろう。調書を読むと、そう考えざるを得なくなる。

私も検察官による取調べを経験したが、取調室というのは、異常な空間である。圧迫感と孤独感に襲われる場所だった。そうした部屋に長時間にわたって拘束されていると、平常の精神状態を保っていることが困難になってくる。そんななか、「早く外に出たいんだったら」という言葉とともに自白を迫られれば、取調官の意向に沿った供述をしようとする心理もはたらく。私も危うく、事実とは異なる内容の調書を作成されそうになったことがある。

正さんの場合は、重度の知的障害者だ。取調官は、まさに嚢中《のうちゅう》の物を探るが如《ごと》く、供述調書を作り上げていったのではなかろうか。

正さんは、真犯人が特定された後、接見に訪れた弁護士に次のように話している。

「お前がやったっぺ、やったっぺって、何回も言われて、ホントにやったような気がしてきたんだよね」

警察官や検察官は、こうした知的障害者を相手に、どのような取調べを行なっていたのであろうか。その真相解明は、今後提起されるであろう「国家賠償請求訴訟」の場に委《ゆだ》ねられる。

閉鎖病棟での隔離生活

「私自身も、被告人の『俺がやった』という言葉を鵜呑《うの》みにしていたからね、大いに反省しなきゃならない。だから、堂々と表には出られないんだよ」

そう語るのは、これまで正さんの弁護活動を担《にな》ってきた弁護士である。したがって、「国家賠償請求訴訟」にあたっては、養父は別の弁護士を選任した。ところが、その弁護士も「裁判の長期化」などを理由として、養父に事件受任の断りを入れてくる。そこで新たに弁護人となったのが、レッサーパンダ事件の弁護人でもあった副島洋明弁護士だ。副島弁護士は、この誤認逮捕が発覚して以来、「下野新聞」や雑誌メディアなどを通じて、捜査当局の違法性を強く訴えていた。

弁護人受任後、ただちに副島弁護士は、二人の弁護士を加えた弁護団を結成する。そして早速、正さんに関する成育歴等の調査が開始された。その調査によって、正さんの生い立ちが次第に明らかになってくる。

正さんは、一九五一(昭和二六)年、栃木県内の農村部において生まれたという。実母が一九歳の時に誕生した非嫡出子《ひちやくしゆつし》だった。未婚の母は、出産後すぐ、彼を見捨てて上京してしまったのだそうだ。以来、正さんは、母親の実家に預けられ、祖母によって育てられることとなる。祖母は彼の面倒をよく見ていたようだが、学校には全く行かせていない。そんななかでも、福祉とつながる機会はあったようで、正さんは、一九七四(昭和四九)年に、障害者手帳を交付され、「重度知的障害」と認定されている。

そして一九八六(昭和六一)年、祖母が死去する。居場所を失った正さんは、親族の要望によって、宇都宮市内のある精神科病院へと入院させられてしまう。その入院先は、一般病棟ではなく閉鎖病棟だった。

結局、その後正さんは、三五歳から四八歳までの一三年間を、この精神科病院の閉鎖病棟内で過ごすこととなった。

閉鎖病棟とは、どんなところなのか。

以前私は、東京都内のある精神科病院を訪ねたことがある。知り合いの精神科医が勤務している閉鎖病棟を見せてもらうためだ。そこは、五〇〇を超える病床数を有する大規模病院だが、入院患者の約三割が閉鎖病棟に隔離された状態にあった。

閉鎖病棟は、鉄条網を張り巡らせた高さ四メートルほどの柵《さく》に囲まれていて、出入口は一ヶ所しか設けられていなかった。施錠《せじょう》された金属製の分厚い扉。事務棟から閉鎖病棟内部に入るまで、そんな扉が三枚続く。

医師の案内のもと、閉鎖病棟の隅々にまで足を踏み入れたが、コンクリートと鉄に囲繞《いにょう》された保護室など、内部の造作は、驚くほど刑務所と似ている。医師や看護師の指示に従わない患者は、すぐに保護室に収容し、外から鍵《かぎ》を掛けられてしまうらしい。

これも、刑務所での受刑者処遇と類同性がある。いや、矯正施設では使用厳禁となっている拘束具によって、いまだに多くの患者の肉体的自由が奪い取られている現状からすると、刑務所以上に人権侵害は甚だしいのかもしれない。ベッドに両手両足を固定され、下半身にはオムツが巻かれている患者たち。彼らの叫び声が病棟内に響くが、誰一人として気に留めているふうではなかった。きっと、それが閉鎖病棟内における日常風景であるからだろう。

それは、福祉・医療行政も承知している事実だ。二〇〇五年一〇月に公表された厚生労働省の調査結果によると、「全国の精神科病院一六六二ヶ所で、体を紐《ひも》で縛る『身体拘束』や、内側から出られない部屋に一二時間以上一人だけで入室させる『隔離』を受けた患者が、一日平均約一万三〇〇〇人に上る」となっている。

昼食時間をはさんで二時間弱の間、医師には場をはずしてもらい、私は一人で入院患者たちと懇談する機会を持った。私の周りには、物珍しそうな表情をした男たちが一〇名ほど集まってきて輪をつくった。

「俺たちゃ、無期懲役刑を受けているようなもんさ。俺は一四年以上ここにいるんだがね、その間に一八回脱走したよ。けど、全部連れ戻されちゃってさ、保護室にぶち込まれて酷《ひど》い目にあった」

初老の男性のこの発言が引き金となり、「俺も」「俺も」と入院患者たちが、次々に脱走自慢と病院批判を口にする。

そんな話が飛び交うなか、私の目は、一人の人間に釘付《くぎづ》けになっていた。その人物は、車座の近くにいるものの、ぽつねんと床に座り込み、涎《よだれ》を垂れ流し続けている。

最初に口火を切った初老の男性が、私の視線を感知して耳打ちしてきた。

「あいつは、単なる知的障害者さ。でも精神病の薬を飲みすぎて、本当に頭もいかれちゃってるかも」

やはり、そうだった。あとで医師にも確認したが、精神科の閉鎖病棟には、家族や地域福祉に見放された知的障害者が数多く入院していた。本来なら、彼らに必要なのは福祉的ケアであって、医学的治療など必要ないのである。いわゆる「社会的入院」を余儀なくされている知的障害者たち。彼らは結局、閉鎖病棟の中で、薬漬けの毎日を送っているだけなのだ。

正さんも、その一人だったのであろう。

事実、彼は、副島弁護士に対して、手を大きく広げながら「こんなに薬飲まされてたんだから」と語っているらしい。また、「怖かった」とも口にするのだそうだ。それもそのはず。正さんが入院していた病院というのは、入院患者に対する虐待《ぎゃくたい》行為で死者まで出してしまい、一時期、世の中を大いに騒がせた精神科病院だったのである。当時の報道によると、その病院では、患者への暴行が常態化していたという。彼は、そうした札付きの精神科病院に、長期間入院させられていたのだ。

そして一九九九年、正さんは、ようやく精神科病院を退院した。

社会に出たあとの彼は、宇都宮市内のアパートにおいて、六、七人の知的障害者とともに共同生活を送るようになる。空き缶や古新聞、それに自転車といった、廃品類を回収して生活費を稼ぐこともあった。

そんな生活が二年ほど続いた後の二〇〇一年。正さんは、現在養父となっている男性との間に養子縁組を結んだのである。住居も養父が管理するアパートへと移るが、そこにも七、八人の知的障害者がいた。

実は正さんは、精神科病院を退院してからの六年間に、二〇回ほど警察に捕まっている。ほとんどが「窃盗」容疑での逮捕だが、それはすべて、廃品回収のつもりで、他人の所有物を勝手に持ち去ってしまったことが原因だった。彼には、回収して良い物と悪い物との区別が、全くつかないのだ。そんな塩梅《あんばい》であるから、二〇回も逮捕されながら、一度も起訴には至っていない。精神鑑定を行ない、「責任能力なし」と判断されたこともあった。

それでは、なぜ警察は、今回の事件に限って、正さんを起訴にまで持っていこうとしたのだろうか。

当然、宇都宮東署は、正さんのこれまでの逮捕歴を把握していたはずだ。彼の障害程度や性格についても知悉《ちしつ》していたに違いない。にも拘《かか》わらず、今回の強盗事件に関しては、正さんを逮捕し、その罪を問おうとした。ここに、警察側のある意図を感じる。

彼ら警察官は、「置き引き」のような微罪ならともかく、世間を騒がすような事件に関しては、何が何でもその犯人を検挙し、刑務所送りとしなくてはならないのだ。

もちろん、それは警察に課せられた重大な使命であろう。だが、使命感や正義感というのは時に厄介なもので、人間を傲慢《ごうまん》にする要素ともなる。結果、警察官の場合は、犯人逮捕のためならば多少の無茶は構わない、という発想も生まれてくるのではなかろうか。

私は、そうした警察官特有の意識が、今回の誤認逮捕事件を惹《ひ》き起こした大きな要因になっているのではないかと考えている。

さらに穿《うが》った見方をすれば、強盗事件の解決を急いだ捜査員が、正さんの知的な障害につけ込んで意図的に強盗犯に仕立てた、というストーリーもあり得る。また、知的障害者を危険人物視する、ある種の社会防衛的意識に基づいて「見込み捜査」がなされた、という可能性も否定できない。

これらが単なる私の邪推に過ぎないことを願うが、結局は、知的障害者に対する負のスティグマ（刻印）が解消されない限り、そうした疑念はいつまでも付き纏《まと》うのである。

そしてその偏見が、閉鎖病棟に「隔離」される知的障害者を生み出してもいるのだ。

ヤクザに食い物にされる障害者

正さんへの判決公判から一ヶ月ちょっとが経過した二〇〇五年四月一四日、突然、驚くべき出来事が起きた。養父が警察に逮捕されたのだ。罪名は、「覚せい剤取締法違反」だった。

驚愕《きようがく》の一方で、養父の姿を思い浮かべれば、「さも有りなん」という感じもする。だが、養父の逮捕は、これだけに留まらなかった。二〇〇五年七月八日、今度は「強要未遂」の疑いで逮捕されたのだ。

一体何があったのだろうか。その背景を調べるなかで、障害者を取り巻く、厭《いと》わしい闇《やみ》の構図が浮かび上がってきた。

まず弁護団は、養父の最初の逮捕を受けて、四月二一日、宇都宮家庭裁判所に成年後見人の申し立てを行なった。正さんの生活支援に向けて、成年後見制度を利用できるようにするためだ。成年後見制度とは、判断能力が不十分な人を後見人が保護・支援していく制度であり、これが認められれば、正さんの財産管理や生活上の様々な契約行為も、後見人が本人に代わって行なうことができる。弁護団が後見人候補として申請したのは、栃木県内にある知的障害者福祉施設の施設長で、私もよく知っている人物だ。

ところが、この事実を留置場の中で知った養父は、成年後見制度の利用を断念させようと、主任弁護人である副島弁護士のもとに、計三回にわたって手紙を送りつけてきたのだ。その文章は、暴力団組織の影をちらつかせ「手を引かないと、身に危険が及ぶぞ」などと、脅迫性に満ちた内容だった。警察の留置場から弁護士に対して脅迫状を送りつけるとは、これまた大胆な行為である。

この件により、養父は「強要未遂」で逮捕されることになる。なぜ養父は、逮捕の危険を冒してまでも、成年後見制度の手続きを阻止しようとしたのか。

その理由は、正さんの障害者年金にあった。障害者年金について、後見人に口だしされたくなかったようだ。養父は、正さんと養子縁組を結んで以来、一度も一緒に生活したことはないが、年金通帳だけはしっかりと自分が管理し、ひと月約八万三〇〇〇円の障害者年金を詐取《さしゅ》し続けていたのである。

養父が養子縁組していたのは、正さんだけではなかった。正さんと同じ頃、立て続けに六人の知的障害者と養子縁組している。そして、蛸《たこ》部屋の如《ごと》きアパートの一室に、彼らを詰め込んでいたのだ。もちろん、すべての障害者年金及び生活保護費は、養父が管理した。そのほかにも、養子縁組を結ぶことができない、養父より年上の知的障害者も数名おり、彼らの年金や生活保護費も実質的に管理していたようだ。これだけの年金を手中に収めていれば、相当な額になったであろう。

さらに養父は、年金を騙《だま》し取っていただけではなく、「息子たち」に対して、暴力を振るうこともしばしばだった。ちなみに、養父の管理するアパートには、ある指定暴力団の代紋が掲げられていたという。

実は正さんが精神科病院から退院後、二年間住んでいたアパートも同じようなものだった。やはり暴力団組織が管理しており、そこでは、知的障害者たちの名前を勝手に使い大量に携帯電話を購入するなど、彼らの名義が悪用されることが頻繁にあったようである。

そのアパートに住む知的障害者たちの多くは、正さんが入院していた精神科病院からの退院者か、あるいはホームレス生活をしていた知的障害者だったという。そう考えると、正さんが精神科病院を退院できたのは、暴力団関係者による手引きがあったからではないかとも推察できる。知的障害者を「カモ」にしたい暴力団と、彼らを「厄介払い」したい病院とが結託していたのであろうか。

だが、いずれにせよ一番の疑問は、福祉行政は何をやっていたのか、ということだ。この厭わしい状況がつくりだされる前に、何らかの手段を講じることができなかったのだろうか。

養子縁組や障害者年金の手続きの際、行政窓口にいつも同じ人物が現れることに、誰一人として気付かなかったわけではあるまい。疑心を抱く職員は、何人もいたに違いない。ところが、福祉行政は何も動いていない。本来なら、ヤクザ組織に食い物にされている彼らのような障害者こそ、最も重要な支援対象であるはずなのに。

結局、福祉行政は、「ヤクザによる障害者の囲い込み」という事実を知りながら、見て見ぬふりをしていただけなのかもしれない。そして、障害者に関わるヤクザを「必要悪」とでも捉《とら》えていたのではなかろうか。しかし、そうした考えのもと、結果的に、多くの障害者を福祉の枠外に追い遣《や》っているのだ。

福祉の枠の外にいる障害者。それは、いまの日本社会では、どうしても軽んじられる存在となってしまう。こうした土壌のなか、誤認逮捕事件を起こした警察組織に至っては、正さんに対する侮蔑《ぶべつ》的意識すらあったのではなかろうか。「どうせ、筋の悪い男に世話になっている障害者だから」と。

福祉の重要な部分が機能不全に陥ってしまっている現在、今回の誤認逮捕事件は、起こるべくして起きた事件なのかもしれない。さらにいえば、この事件は偶然発覚しただけで、実際には、我が国のそこかしこで同じような被害に遭っている障害者が大勢いるのではないかと思う。家族に見捨てられた彼ら、福祉に見放された彼ら、ヤクザの食い物にされる彼ら。最終的に彼らは、司法によって社会から追放され、塀の中の住人となっていく。

二〇〇六年六月二六日、宇都宮家庭裁判所において、ある判決が下された。正さんが原告となった、「養子縁組の無効を求める訴訟」に対する判決である。

「原告は重度精神遅滞で、養子縁組をする意思能力を有していなかったと認められる」

裁判官はそう言って、養子縁組を無効とする判決を言い渡した。

判決後、正さんは、嬉《うれ》しそうな笑顔を見せ、本来の自分の名前を口にする。

「〇〇正です」

一年前の正さんと比べたら、まるで別人だった。表情と口振りに余裕を感じる。

いまは、多くの人たちに支えられ、日々の生活を送っている正さん。その姿は、暗闇に射《さ》す一条の光芒《こうぼう》のようである。

第三章　生きがいはセックス——売春する知的障害女性たち

選挙運動中に聞いた女性の叫び声

いまから一七年前（一九八九年）、私がはじめて選挙に立候補した時のことである。街頭での選挙運動のさなか、突然、調子外れの声が耳に響いた。

「山本さーん、ちょっと遊んでいかなーい？　いっぱいサービスするよー」

その声は、背後の建物から聞こえてきた。目を移すと、ひとりの女性が二階のベランダから身を乗り出し、こちらに向かって手を振っている。衣服の胸元部分をはだけさせた、あられもない姿の彼女は、私と目が合うや、投げキッスのようなポーズを取り、科《しな》をつくった。

候補者である私は、とりあえず、「ご声援、ありがとうございます」とだけ答え、予定通り、その場での辻《つじ》演説を始める。ところが演説を始めた途端、彼女は、「話なんか聞いたって、しょうがないんだ」と声を張り上げた。そして「あたしのこと、抱かないのかよー」と叫ぶ。私は困惑しながらも演説を続けるが、そのうち「あたしのオ○○、とってもいいよ」「山本さんのチ○○、舐《な》めてみたい」などと、耳を塞《ふさ》ぎたくなるような卑語まで飛んでくるようになった。

「あなた、何おかしなこと言ってるんですか。早く中に入りなさい」

彼女を叱責《しっせき》する女性の声がし、幸いにもそれっきり彼女の声は聞こえてこなくなった。部屋の中に連れ戻されたようだ。

その建物の入口には、「S寮」という看板が掛かっている。鉄筋コンクリート造りの三階建てで、一見、どこかの会社の社宅のようにも見えるが、そうではない。そこは五〇名以上の女性たちが暮らす、東京都立の社会福祉施設だった。周りの住民の多くは、入所者たちの様子から、S寮のことを障害者福祉施設だと理解している。確かに、日ごろ見かける入所者のうち何人かは、明らかに知的な障害を抱えている人たちだと思われた。

その後、私は一一年以上にわたり、この地域において議員活動を行なってきたが、S寮の存在は、ずっと気にかかっていた。だが一方で、「ここは触れてはいけない領域なのでは」という思いもあった。なぜならこのS寮は、社会福祉施設といっても、知的障害者の施設ではなく、「婦人保護施設」だったからである。

「要保護女子」の実態

婦人保護施設とは、一体何なのか。

それは、売春防止法第三六条の「都道府県は、要保護女子を収容保護するための施設を設置することができる」という一文を根拠として運営されている施設だ。要保護女子とは、同法第三四条が、「性行又は環境に照して売春を行うおそれのある女子」と定義付けている。

要するにそこは、売春婦たちを更生させるための施設なのである。ただし、二〇〇一年に「配偶者からの暴力の防止及び被害者の保護に関する法律」(いわゆるＤＶ防止法)が成立してからは、暴力被害女性の避難場所としての機能も併せ持つようになり、売春防止法とは無関係の人たちが入所するケースも増えてきているようだが。

いずれにせよ、婦人保護施設というのは、さまざまな社会福祉施設の中でも、その実態が最も世に知られていない施設であろう。それは、全国に五〇ヶ所と施設数自体が少ないこともあるが、「入所者のプライバシー保護が最優先」という、施設側の姿勢によるところが大きい。「入所者」イコール「売春婦」とラベリングされる恐れがあり、売春斡旋《あっせん》業者や「ひも」から身を隠すためなどの切実な理由もあるからだ。

だが、福祉関係者の一部は、この婦人保護施設に、多くの知的障害者たちが収容されている事実を知っている。つまり、知的障害のある売春婦たちが集められていることを。

「私が滝乃川《たきのがわ》学園に勤めていた時、何度も何度も婦人保護施設に世話になる女の子がいて、よく引き取りに行ったものです。でも、その子だけでなく、婦人保護施設には、他にもたくさんの知的障害者がいました」

そう語るのは、日本知的障害者福祉協会・政策委員長の柴田《しばた》洋弥《ひろや》さんだ。

滝乃川学園というのは、東京都国立市にある日本最古の知的障害者入所施設のことである。一八九一年に創設された同学園は、もともと孤児を対象とした施設だった。

当時、年端《としは》もいかぬ孤児たちが売春目的に取引されている実情を憂《うれ》えた創設者・石井亮一《りょういち》が、彼女らを引き取り保護したことに起源を発する。ところが、その少女たちのなかに何人もの知的障害者がいて、それがきっかけとなり、同学園は知的障害者専門の福祉施設へと変わっていく。

この沿革からも分かるように、知的障害者と売春との関係は根深い。我が国では古くより、知的障害者の女性を売春婦として働かせるために勾引《かどわ》かしてきた歴史があり、売春防止法以前の公娼《こうしょう》にはかなりの割合で知的障害者がいたといわれる。そして、一九五七（昭和三二）年の売春防止法施行後、多くの知的障害者が婦人保護施設へと流入した。

昭和三四年度版の『厚生白書』には、婦人保護施設に関して、次のような記述がある。

「収容者の知能程度は、中以下（知能指数一〇〇以下）が八九％でその大部分を占め、精神薄弱者（知能指数七〇以下）の分類に入れられるべき者も三七％にもなっているのであって、このような状況からすれば、将来は、保護施設の類型化を図り、それぞれに応じて特色をもった生活訓練や職業補導を行なうことも考慮されてゆかなければならないであろう」

このように当時の厚生省も、婦人保護施設内に知的障害者が多数存在することを認めているのである。

しかしながら、こうした内情が表にでることは滅多にない。実態を知る福祉関係者の間でも、タブー視されてきた問題だからだ。

そんななか障害者福祉の現場にいる私は、この二年半の間に、売春によって警察に捕まる知的障害者の話をたびたび耳にしていた。だがどれもが断片的な内容で、それを話す福祉関係者の口は一様に重い。そこで私はしばらく前から、実際に売春に関わっていた知的障害者本人と会って話を聞くようになった。

親子二代で売春婦

横浜市在住の田中早苗《さなえ》さん（仮名・三三歳）は、中度の知的障害者と認定されている。一〇歳の一人息子、それに六二歳になる母親との三人暮らしだ。息子は、軽度の知的障害者で、現在、養護学校に通っている。そして母親は、重度の知的障害者である。

私が早苗さんと会ったのは、横浜の古い商店街の一角にある小さな喫茶店だった。ちょうど昼時で、店内には主婦たちの喚声が飛び交っていた。グレーのトレーナーに黒のスラックスという、想像していたより地味な格好の彼女。テーブルを挟んで向き合うが、名前を聞いても、その返事はほとんど聞き取れない。絶えず、はにかみの表情を浮かべ、視線が交わると、すぐに顔を伏せた。やがて雑談に移り、互いの年齢や家族構成などについて話す。会話のなかで彼女は、「あたし、昔はこんなに太っていなかった」と何度も呟《つぶや》き、肥満気味の体をさかんに気にした。

そんな彼女の態度が一変したのは、私が自分の受刑経験を口にした時だった。

「えっ、山本さんも入ってたの。あたしは、鑑別所五回、少年院一回よ。警察の留置場なんかは、何回も何回も泊めてもらった」

狭い店内に、その声が響き、他の客たちの目が一斉にこちらに向けられる。しかし彼女は、まるで感知していない様子で、身を乗り出すようにして言葉を続けた。

「少年院は一〇ヶ月で出る予定だったけど、出るすぐ前に、人をぶん殴ったんで、半年も延びちゃった。だから、一年四ヶ月いたの。へっへっ、私のほうが山本さんより長いのよ。でも、少年院って、楽しかったな、中学校で同じクラスだった子が、何人もいたし」

事前に福祉関係者から聞いたところによると、中学校では特殊学級に在籍していたようだ。

彼女は、一〇代前半から家出を繰り返し、渋谷や新宿を徘徊《はいかい》していたという。そんな生活のなか、じきに行き摺《ず》りの男とベッドを共にするようになった。相手の年齢は、二〇歳代から六〇歳代までと、千差万別。少ない額ではあるが、小遣いも貰《もら》った。そして一六歳の時、シンナーの売人と出会い、同棲《どうせい》生活を始める。結局、その男が「ポン引き」となり、早苗さんを売春の道へと引き摺り込んだようだ。もっとも彼女には、引き摺り込まれた、という意識など微塵《みじん》もなかった。

一六歳以降の彼女は、何度も何度も警察に補導・逮捕されるようになり、一八歳の時、ついに少年院送致に至ったという。

「早苗さんは、婦人保護施設にも入っていたんですよね」

私が話をそう向けると、彼女は突然、浮かない表情になった。

「うん、保護施設にもいたけど……。あそこは、つまんなかった。男は駄目、男は駄目、って言われるだけで、規則もけっこう厳しいし……。だから、あたし、半年くらいであそこからは逃げ出して来ちゃった。あたしは、自由が好き……」

そう言ったきり、彼女は、黙りこくってしまった。これ以上、婦人保護施設について訊《たず》ねても、答えは返ってきそうにない。いずれにせよ、逃げ出すまでの間、効果のある更生教育は一切受けていなかったようだ。

成人してからの早苗さんは、キャバレー勤めなど、水商売の道に入る。

「一日一万二〇〇〇円以上貰ってたし、チップも多かったな。それから、店が終わったあとのデートでも、たくさん稼いだ」

彼女の言う「デート」とは、売春のことである。キャバレーの経営者が客を斡旋していたらしい。

「たくさんのお客さんの相手をしたけど、みんな喜んでるし、何が悪いのか、よく分からない。それに、みんな必ず、あたしのこと可愛《かわい》いとかきれいとか言ってくれたの。あたし、ほんとに嬉《うれ》しかった。一緒に寝ている時の男の人は、やさしいこと言ってくれるから大好き」

売春するたび、その相手からの言葉に満足感を覚えていたという彼女。そこからは、売春という行為に対する負い目や反省の気持ちはまったく伝わってこない。

早苗さんが長男を儲《もう》けたのは、二三歳の時だった。父親はキャバレーの客だった男性だが、子供の顔を見ることもなく、彼女の前から消え去ってしまう。そして結局、早苗さんは母親のもとに戻ることになった。

私はその母親についての話を聞き、さらに驚くことになる。

実は、重度の知的障害者である母・夏江さん（仮名）も、早苗さんと同じような生き方をしてきた人なのだ。つまり、この知的障害者親子は、二代にわたり売春婦をやっていたことになる。

夏江さんは、一〇歳から奉公に出され、すぐに己の身を売る仕事を生業《なりわい》とするようになった。二六歳で結婚したものの、五年ほどで夫とは別居。この間、三人の子供を出産するが、長男と長女は知的障害者で、次女は出生後すぐに死亡した。福祉施設に入所していた長男もその後亡《な》くなり、それからというもの、そうとう荒《すさ》んだ生活を送ってきたようである。キャバレーに勤めながら毎日のように売春を行ない、長女である早苗さんのことは、ほとんど見向きもしなかったらしい。もっともこの母親には、元来、養育能力や生活能力が著しく欠如していたのではないかと思う。子育てや金銭管理どころか、ひらがなの読み書きすらできないのだから。

そんな母親と早苗さん、それに生まれたばかりの長男が同居生活を始めたのが一〇年前。母親は、キャバレーの掃除婦などをして働くが、何せ親子して浪費癖が強く、瞬《また》く間に四〇〇万以上の借金を抱えてしまう。それに母親の癌《がん》発病が重なり、彼女らの生活は、いよいよ立ち行かなくなった。そして三年前、長男の養護学校入学をきっかけとして、ようやく早苗さん一家に福祉の目が届くことになったのだ。

いまは、自己破産手続きも済み、生活保護と障害者年金を受給し、日々、福祉関係者のアドバイスを受けながら生活している。

「あたし、子供がいるからね、さみしくなんかないよ。だから、もう絶対に男はやんない」

早苗さんはそう口にしたが、私はどうしても彼女の言葉を心底から信用することができなかった。売春を行なっていた自分自身への罪悪感を、最後まで感じ取ることができなかったからである。

「楽しかったからいいじゃない」

「売春が悪いことだとどう説明しても、彼女たちは理解してくれないんです」

そう語るのは、障害者自立生活アシスタントの小野義浩《よしひろ》さん。私は小野さんとともに、もう一人、かつて売春婦だった知的障害者を訪ねた。

その女性は、現在六二歳になる横井タエ子さん（仮名）で、やはり横浜市内に住んでいた。六〇歳になる直前まで売春を続けていたという。彼女自身は軽度の知的障害者だが、同居する三七歳の娘は、重度の知的障害者である。早苗さん一家と同様、生活保護と障害者年金を受給して、生計を立てている。

「年取っちゃうと、人が恋しくてね、人が来るとうれしいの。さあ、さあ、これどうぞ」

そう言いながら、私にお茶や煙草《たばこ》を勧めてくれるタエ子さん。華奢《きやしゃ》な体つきで、顔もこぢんまりと纏《まと》まっており、実際の年齢よりは随分と若く見える。

「それからこれ、結婚式の時の写真。若い頃のあたしってどう？」

差し出された写真を見る限り、彼女は、かなりの美人だったようだ。

「その写真、また見せてんの。がっ、はっはっはっはっ」

突然、奥の部屋から娘が出てきて、おかしな笑い声を上げながら、私の横に腰を下ろした。その顔は厚化粧に覆《おお》われ、体からは独特の香水臭が漂ってくる。

タエ子さんも、先の夏江さんと同じように奉公に出され、温泉地の旅館で、一六歳の時から、住み込みで働き始めたのだそうだ。そして、そのうち御座敷をつとめるようになり、同時に、売春も行なうようになる。二四歳で結婚するが、相手はヤクザ者だったらしく、ほとんど仕事らしい仕事はしていなかった。いわゆる「ひも」である。二五歳の時娘を出産すると、その直後に夫は行方不明となり、後に他殺体で発見されたという。

「がっ、はっはっはっはっ」

母親が父親の死を語るシリアスな場面でも、娘は妙な笑い声を発した。そんな娘のことは全く無視して、タエ子さんの話は続く。

「旦那《だんな》がいなくなって、すぐに旅館はやめちゃってね。それからは、しばらく子育て。それで三〇前からは、知り合いのママがやってるスナックに行くことになって、そこでお客さんを紹介してもらうようになったの」

毎晩のように近くのモーテルに行き、多い時には、一晩に一〇人くらいの男を相手にしたそうだ。客は、だいたい二万円から三万円の範囲で現金を支払ってくれたらしいが、一人当たり二万円をスナック側に渡すルールになっていた。客が二万円しか払わなかった場合、実入りはゼロとなる。

この点について、私が「おかしいんじゃないですか」と問い質《ただ》すと、彼女は間髪容《い》れずに、「楽しかったからいいじゃない」と答えた。

損をしたという感覚は、一切ないようである。売春を斡旋していた人物からすれば、ありがたいことこの上ない話であろう。

「でも、年に一、二回は中絶手術してたから、四〇の時に、子宮を結わいちゃった」

四五歳の時、一歳年上の男性と再婚、前夫と同様、働かない男だった。それでも五八歳で離婚するまで一緒に暮らした。

離婚の原因となる出来事を聞いた私は、背筋が寒くなった。

「あの男がやったことを知って、もう、我慢できなくなった……」

娘の養父であるはずのその男は、タエ子さんの留守を見計らい、友人たちを連れてきては、娘を輪姦《りんかん》させていたという。見るからに重度の知的障害者である彼女を、である。俄《にわ》かには信じ難い。だが、同行している小野さんも、「それは事実です」と言う。

結局、タエ子さんは離婚後、六〇歳近くまでスナックに顔を出していたようである。しかし当然、客は付かなくなる。にも拘《かか》わらず、昔ながらの金使いの荒さは直らない。上寿司《じょうずし》一人前を食するためだけに、横浜からタクシーを飛ばして渋谷にまで行ったりする。これでは、すぐに家計は行き詰まってしまう。借金が膨らむ一方だった。それにタエ子さんは持病の糖尿病が悪化し、一日四回のインスリン注射が欠かせなくなった。

そこで二年前、たまたま病院で知り合った福祉関係者が、その状況を見るに見兼ね、生活保護の手続きを取ったのである。

「福祉の人たちの世話になっているから、もう大丈夫」

そうタエ子さんは胸を張るが、小野さんによれば、はじめのうちは大変だったそうだ。初対面の時は、「福祉」と口にしただけで、目を釣り上げて怒ったらしい。「あたしたちは、誰にも管理されたくない」と。だが、徐々に関わりを持つ時間を増やし、一年を過ぎたあたりから、ようやく胸襟《きょうきん》を開いて話をすることができるようになったという。

「それでも、まだ自信がありませんね」

小野さんは、そう言った。特に、娘に関しては、日中に行方が分からなくなることが度々あり、「その間に、体を売っているのでは」というような不安もあるのだという。

「生きがい」としての売春

抛《ほう》っておけば、売春生活に戻りかねない。そうした危惧《きぐ》は、早苗さん、タエ子さんの両者から感じられた。

二人のような在宅の障害者が、その問題行動を福祉の場で表面化され、なおかつ、その後も福祉によってケアを受け続けるということは、実は極めて稀《まれ》なケースである。それは、横浜市が独自に行なっている「自立生活アシスタント派遣事業」というものが、たまたまうまく機能した例に過ぎない。

横浜では、市内に十数名いる自立生活アシスタントが日常的に、売春などの問題を抱える障害者宅を訪問しているのだ。だがその他の地域では、多くの場合、入所施設や通所施設とまったく関わりのない在宅障害者を、福祉がフォローしていくことはない。

よって東京などでは、無防備な知的障害者の女性を売春組織や風俗店が、簡単にリクルートすることができる。実際に、知的障害者を専門に風俗嬢へと勧誘しているグループがあり、その一員だった男が黒羽刑務所にいた。彼は、次のように話していた。

「あの子たちは、警戒心なんて全然ないからね、普通の女よりもずっと引っ掛けやすいんだ。それでいて、持ってるモノも一緒だし、客に対しては素直だし、本当にありがたかったな。それに、体を売ることへの抵抗感がない。だから昔から風俗の世界じゃ、たくさんああいう子たちが働いていたんだ」

二九歳の知的障害者・山下香奈子《かなこ》さん（仮名）は、そうしたなかの一人だった。

約一年前に刑務所から出所したという彼女を紹介してくれたのは、養護学校の教員だった知人・斉藤勝一さん（仮名）である。香奈子さんは、かつての教え子なのだ。

斉藤さんに連れられ、待ち合わせのファミリーレストランに姿を現した彼女は、十人並みの容貌《ようぼう》で、一見しただけではとても知的障害者だとは思えない。

彼女は、「覚せい剤取締法違反」での服役だったが、高等養護学校卒業直後から、風俗の世界に身を投じ、以後、さまざまな形態の売春をやってきたという。ソープランド、街娼《がいしょう》、デリヘルなどなど。アダルトビデオにも出演していたらしい。そして最終的には、ヤクザ組織によって半ば監禁状態に置かれ、覚醒剤《かくせいざい》を打たれるようになる。

「三回警察に捕まって、それで刑務所に行くことになったの。それまでの二回は、執行猶予《ゆうよ》だった。そのたんびに家に連れ戻されたけど、すぐ家出して男のところに戻ったの。バカだからね、あたしって。それにセックスが好きなの。はっはっはっはっ」

屈託のない笑顔を浮かべる香奈子さんを、斉藤さんが諫《いさ》める。

「おい、おい、男は懲《こ》りた、って言ってたんじゃないのか。売春させられるようなところには、もう絶対行かない、ってこの前、約束したじゃないか。なあ香奈子、売春は悪いことだよな」

それに対して、彼女は一度は頷《うなず》いたものの、すぐに大きく頭を振る。

「でも先生、あたしだって人間よ。あたしみたいなバカでも、人間なのよ」

突如、血相を変えて、そう訴える香奈子さん。自分も人間だからセックスしたい、ということを言いたいのであろうか。

「当たり前だ。香奈子は人間だ。立派な人間だよ。だから売春なんて、絶対にやっちゃーいけないんだ」

この斉藤さんの言葉に、彼女は半べそ状態になりながら答える。

「そうよ人間よ。でもね、あたしたちみたいな障害者はね、好きな人ができて本気で付き合っても、すぐにバカがばれて捨てられちゃうの。どうせ斉藤先生だって、山本さんだって、あたしのこと、女として見てくれてないでしょ」

そう言われると、返す言葉が見つからない。

「でも、あたしを抱いてくれた男の人は、みんなやさしかった」

それから香奈子さんは、風俗嬢や売春婦として働いていた頃の思い出話を次々と口にする。すっかり笑顔に戻った彼女は、最後に、「やっぱりあたし、ずっとずっと男の人と一緒にいたいんだ」と言って、一人大きく頷いた。

「性」に対する強い執着

そんな彼女からは、「異性」や「恋愛」に対する異常なほどの執着を感じる。だがこれは、彼女に限ったことではなく、私の知っている知的障害者のほとんどがそうなのだ。彼ら彼女らの「性」へのこだわりは、健常者とは比較にならないくらい強い。

それはなぜか。多分それが、人間としての最も基本的なレゾンデートル、つまり存在理由だからであろう。

売春という行為も彼女らにとっては、その善悪を判断することよりも、「性」への願望を成し遂げ人間としての喜びを感じることのほうが重要なのかもしれない。少なくとも、早苗さんや夕エ子さん、香奈子さんからは、そう感じられた。三人の誰からも、罪の意識はもちろんのこと、犠牲者的意識も感じなかったからだ。香奈子さんに至っては、売春時のプレイとして男の排泄物《はいせつぶつ》を口に入れることを強要されていたというが、そんな体験をも楽しそうに話す。このように、売春斡旋《あっせん》者への嫌悪《けんお》の情など、まったく抱いていない彼女らである。

だからといって、弱い者を唆《そそのか》して性の商品にする「知的障害者の売春」を決して容認するわけにはいかない。香奈子さんのように、挙げ句、覚醒剤まで打たれてしまうケースもあるのだから。

しかし一方で、現在の社会に彼女たちの居場所は他にどれほどあるのだろうか、とも思う。人間としての存在を自覚し、その喜びを実感する場面が、果たしてどれくらいあるのだろうか。

彼女たちは、風俗や売春の経験を語る時、本当に嬉々《きき》とした表情を見せる。きっと、人生の中で一番ちやほやされていたのが売春の現場であり、売春組織の人間からも、同じように持て囃《はや》されていたのではなかろうか。そしてそれが、彼女たちにとっての「生きがい」になっていた。そう考えると、彼女らの笑顔も納得できるが、それではあまりにも切な過ぎる。

　では、そんな彼女たちを支援すべき福祉のほうは、どうなのだろうか。残念ながら福祉の世界は、彼女らを画一的な福祉政策の中に縛り付けているだけなのかもしれない。そのうえ、多くの福祉関係者は、知的障害者の恋愛を極度に嫌っている。「セックスなんて、とんでもない」といった状況である。したがって福祉の枠の中にいる知的障害者は、ほとんどの場合、恋すらできないのだ。

　いまは毎日、斉藤さんに紹介された福祉作業所に通う香奈子さん。別れ際《ぎわ》、私が「作業所での仕事、がんばってください」と声を掛けると、彼女は虚空《こくう》を見詰め、ふと呟《つぶや》きを漏らした。

「でも、いまのあたしって本当に人間なの？」

第四章

ある知的障害女性の青春――障害者を利用する偽装結婚の実態

懲役一年二ヶ月

埼玉県東部に位置する某市の郊外、四階建て賃貸マンションの一室に、その子は暮らしていた。「その子」といっても、彼女は、二六歳になる立派な大人である。だが、彼女と接していると、どうしても「子」という表現を使いたくなる。

彼女の名は、高松美紀（仮名）。身の丈は一五五センチ前後で、細身の体ながらも、胸部や臀部《でんぶ》には程良いくらいに肉が付いている。それに、目鼻立ちも整っており、まずは十人並み以上と言っていいだろう。しかし、彼女からは、女性としての色香がほとんど伝わってこない。

「あたし、お化粧できない」

こう本人が話すように、その顔には全く化粧っ気はなく、白皙《はくせき》のなか、太く濃い眉《まゆ》が妙に目立っていた。

「仕事行ったとき、お客さんに言われる。もっと、キレイにしてなさいって。だからあたし、お化粧しようと思った。でも、口紅つけても、唇からはみだしちゃう。何回やっても、ちゃんと塗れない」

その言葉からは、「自嘲《じちよう》」や「含羞《がんしゆう》」といった気持ちは感じられない。彼女の話し振りは、片言の日本語を話す外国人のようであり、頭の中で必死に単語を探し出し、それを何とか口にしている、という様子だった。

「だけどやっぱり、お化粧したい」

美紀さんの部屋には、高さ一メートル・幅五〇センチほどのドレッサーが置いてある。たまにメーキャップの練習をするのだという。その鏡の部分、顔が映るあたりには、マジックで書いたと思われる大きな落書きがあった。

〈まぁぢさいこぉぢやん〉

字を覚えたての子供が記したような蚯蚓《みみず》書き。たぶん、その文字が意味するのは、「マジ、最高じゃん」ということであろう。

彼女は、平仮名の読み書きさえ、まともにできない。言葉によるコミュニケーションもなかなか覚束《おぼつか》ない。そうなのだ。美紀さんは、知的障害を抱えているのである。だが、療育手帳は所持しておらず、公には「知的障害者」とは認められていない。

二〇〇七年の四月二六日、美紀さんは、東京地方裁判所の被告人席にいた。怯《おび》えた瞳《ひとみ》を左右に動かし、背中を丸めて座っている彼女。その姿は、まるで、猛獣に追い詰められた小動物のようだった。

「被告人、前へ」

午後一時一五分、裁判官が証言台に立つよう命じたが、事態をあまり飲み込めていないのであろう、美紀さんは、すぐには腰を上げようとしなかった。弁護を担当する女性弁護士が急ぎ、「前に、前に」と彼女を促す。その声に反応し、ようやく立ち上がった美紀さんに対して、忙《せわ》しなく判決文が読み上げられる。

「主文、被告人・高松美紀を懲役一年二ヶ月の刑に処す。ただし、この言い渡しから三年の間、刑の執行を猶予《ゆうよ》する」

執行猶予付きの判決。有罪ではあるが、とりあえずは、約三ヶ月に及ぶ留置場生活から解放されることが決定したのである。その瞬間、彼女の横顔に目を遣《や》るが、表情には、何の変化も見られなかった。一方、弁護人のほうは、笑みを浮かべながら、満足そうに頷《うなず》いている。

「身分関係についての重要な記録に対する信頼を損ねさせた被告人の責任は重大であり、その動機に、酌量の余地はない。しかしながら、被告人に前科はなく、犯罪性も高くはない。よって、刑の執行を猶予することとした次第である」

美紀さんが問われた罪は、「電磁的公正証書原本不実記録・同供用」。不実記録は婚姻届についてであり、つまり「偽装結婚」をしたということなのだ。

公判は、わずかに二回。判決の九日前の初公判で、美紀さんは、共犯者とされる韓国人男性・金明秀《キムミョンス》（仮名・四〇歳）とともに被告人席に座っていた。

事件の概要は、次のようになる。

金明秀被告は、二〇〇一年の四月に来日した短期留学生だった。美容専門学校に通うはずが、実際には入学すらしておらず、渋谷の美容院などでアルバイトをしながら暮らしていた。二〇〇六年の一月頃、日本在留資格が間もなく切れることに焦慮した金被告は、長期滞在資格を取得するため、日本人女性との結婚を考える。そこで、美容院の客を通じて、ブローカーである韓国人の女・朴大礼《パクテレ》（六九歳）に、偽装結婚の手続きを依頼。婚姻手続き前に五〇万円、婚姻手続き後に五〇万円、そして入国管理局への残留資格変更手続き完了後に五〇万円の、計一五〇万円を支払うことになった。そして二〇〇六年の三月三一日、日本人女性・高松美紀と偽装結婚。これにより金被告は、短期留学生から日本人配偶者へと、日本国における立場と処遇が変わった。これが偽装結婚として、罪に問われたのである。

ではなぜ、知的障害者の美紀さんが、その相手となったのか。この日の裁判では、驚くべき事実が次々と明らかになっていったのだった。

美紀さんの結婚は、これが初めてではなかった。本件の前にも、過去に二回、偽装結婚をしていたのだ。一人目の相手は、近藤道彦《みちひこ》（仮名・四四歳）という暴力団組員で、二〇〇三年七月から二〇〇五年一月までの約一年半の間、結婚していたことになっている。美紀さんは五年ほど前から、冒頭の賃貸マンションで暴力団組員・坂上隆弘《さかがみたかひろ》（仮名・三一歳）と暮らしており、近藤氏は、その友人だった。

次の相手は、韓国人の男である。婚姻届は、二〇〇五年八月に提出され、そのわずか二週間後に、離婚届が出されている。そして二〇〇六年三月、美紀さんは、近藤氏及びその知人である井口久（仮名・七二歳）に連れ出され、朴氏の手引きによって、今回の偽装結婚をするのである。

さらに美紀さんは、もう一度結婚していた。金氏と偽装結婚した二ヶ月後、同居していた坂上氏との婚姻届を、居住地である埼玉県の某市役所に提出していたのだ。なぜこんなことになったのかは後述するが、金氏との間の偽装結婚は続いていたのであるから、重婚だったはずである。にもかかわらず、坂上氏と美紀さんの婚姻届を受理した市役所。一体どういう手続きを取ったのか、不可解という他ない。

美紀さんは被告人尋問で、弁護人からの質問に、このように答えている。

「あなたから婚姻届を書くと言ったのですか」

「いいえ」
「周りの人から言われたのですか」
「はい」
「坂上が怖かったからですか」
「はい」

偽装結婚を依頼した近藤氏は、美紀さんと同居している坂上氏と昵懇《じっこん》の仲。したがって美紀さんは、近藤氏からの話を断ると坂上氏の怒りを買うと考え、偽装結婚を了承するに至ったのだという。

弁護人は、美紀さんの答えが「はい」か「いいえ」に限定されるように工夫していたようだが、そんななか、「四回結婚しても、美紀さんには一円の金銭も支払われていなかったこと」「美紀さんは漢字が書けず、漢字で書かれた婚姻届は、自分の意思で記されたものではないこと」などが証言として引き出された。

偽装結婚グループ

事件の首謀者は、新宿区大久保に住む朴大礼被告である。約二〇年前に来日、一九九〇年代後半から偽装結婚の斡旋《あっせん》に手を染めるようになり、これまで三〇組以上を仲介し、その度に多額の報酬を得ていた。本件以前にも、同様の罪で逮捕されており、二〇〇一年九月には、懲役三年・執行猶予五年の判決を受けている。朴被告は、今回の裁判のなか、盛んに「体調不良」を訴え、執行猶予を狙《ねら》ったものの、結果は、懲役一年一〇ヶ月の実刑判決を受けることとなった。

朴被告自身、日本人男性と結婚していることにはなっているが、どうもその実態は怪しいもので、被告人尋問のなか、検察官から「ところで、あなたの結婚は本物か」と突っ込まれることもあった。その真偽を確認すべく、一審での判決後、何度か朴氏の自宅を訪ね、周辺の韓国人にも当たってみたが、結婚相手とされる男性は、現在、行方不明である。

朴氏の片腕となって動いていたのが、暴力団組員の近藤氏だった。三年前、朴氏と暴力団の間に入り、トラブル処理を行なったことがきっかけで知り合ったという。二人が手先として使っていたのが、井口氏である。近藤氏と井口氏、この二人も、偽装結婚の相手を探すだけではなく、自ら韓国人女性と結婚しており、それぞれ偽装結婚が疑われるが、今回、この件に関しては不問に付された。裁判の結果は、近藤被告に対しては、過去の前科が崇《たた》ったのか、懲役一年六ヶ月の実刑判決、そして井口被告には、懲役二年・執行猶予三年の判決が下された。

執行猶予判決後自宅に戻っていた井口氏に、偽装結婚の実態について聞いてみると、彼は次のように答えた。

「美紀も足りない子だけど、韓国の女と結婚する日本人の男は、もっと酷《ひど》い。頭のおかしいヤツばっかりさ。それを暴力団が抱え込んでて、朴に紹介するんだ」

こうしたケースで利用される障害者は、女性だけではないようだった。ホームレス状態の男性障害者なども狙われていたのである。

今回の事件に絡《から》み、もう一人逮捕されたのは、警視庁の元警部補だった。行政書士の鈴木仁《ひとし》(仮名)、五六歳。朴氏からの依頼を受け、入国管理局での手続きを代行、二〇〇五年以降だけでも、二〇件から三〇件を申請し、三三〇万円以上を受け取ったとされる。警視庁の調べに対し鈴木氏は、「偽装結婚だと想像していた。大口の収入源だったので断れなかった」(二〇〇七年五月二六日付け毎日新聞)と容疑を認めていた。ところが、結局、鈴木氏は、不起訴処分となったのである。

なんとも理不尽な話だ。自分の戸籍を傷付けられたうえ、何の見返りもなかった知的障害者の女性が有罪判決を受け、多額の金銭を手にした元警部補は、立件すらされなかったのだ。

表面だけの解決

裁判では、弁護側証人として、美紀さんの父親も出廷した。

美紀さんと父親は、二人きりの家族である。父親は現在、美紀さんが住むマンションから一〇キロメートルほどの距離にある隣の市で、一人暮らしをしていた。職業は、トラックの運転手。逞《たくま》しい体付きであるが、顔を見ると、やはり美紀さんと似ている。

尋問は、弁護士、検察官、裁判官の順で行なわれた。対する父親の返答は、終始、途切れがちな声で、美紀さんと同じように、非常に聞き取りづらかった。弁護側は、とにかく、「娘を引き取る」という積極的な姿勢を引き出そうとしていた。

「たとえばお父さん、娘さんが家に戻ってきても、今回の事件の関係者に待ち伏せされることも考えられます。そうなった場合、どうしますか」

「心配です……。本人がどこまで断りきれるかどうか……」

「娘さんが一緒に住むことになった場合、部屋にゆとりはありますか」

「大丈夫です……、娘に一緒に住む意思さえあれば……。でも、娘は意志が弱いところがあるんで……」

父親は、「自分の仕事は、朝早くから夜遅くまで。だから日中は、近くに住んでるお袋と兄に面倒見てもらおうと思ってる」とも言う。これでは、やはり面倒を見きれない、と発言しているようなものではないか。しかも、「お袋」は、現在、認知症になっているのだそうだ。

この遣り取りの間、美紀さんはずっと泣いていた。弁護人は、その美紀さんに対しても、父親との関係について質問した。

「なぜ、実家を出たのですか」

「……」

「お父さんと喧嘩《けんか》したんですか」

「はい」

「でも、お父さんは、裁判には来てくれましたが、一緒に暮らしていた人は、来てくれないですね」

「はい」

「あなたを利用する人ではなくて、あなたのためを想《おも》ってくれている人と一緒にいたほうがいいのではないですか」

「はい」

「この後は、お父さんと暮らしますね」

「はい」

同様の質問は、裁判官と検察官からもなされた。このように三者とも、その思惑は一致しているようだった。何としても美紀さんを、一緒に住む暴力団員から引き離し、父親のもとに帰らせたいのである。

だが、判決公判の日、法廷に父親の姿はなかった。

判決文の朗読は、三分ほどで終了し、最後に、裁判官はこう話を締《し》め括《くく》る。

「有罪ということですが、判決に不服がある場合は、十四日以内に控訴することができます。このこと、分かりますか」

裁判官からの問い掛けに対し、釣られるように首肯する美紀さんだったが、その内容を理解しているとは到底思えなかった。そして、閉廷が宣言されても、じっと佇立《ちょりつ》したまま、不安そうな眼差《まなざ》しを弁護人に送っている。すぐさま女性弁護士が駆け寄った。

「よかったわね、美紀ちゃん。これでお父さんのところに帰れるのよ」

弁護人はそう言うと、少し大仰とも思える仕草で美紀さんを抱き締めた。すると、美紀さんの双眸《そうぼう》から突然、大粒の涙が零《こぼ》れ落ちてきたのである。弁護人の目にも、見る見る涙が浮かんでくる。一見、感動的にも見えるこの場面。しかし私は、釈然としない思いで、抱き合う二人を眺めていた。いや、執行猶予判決に喜ぶ弁護人に対しては、憤慨さえ感じていた。

そもそも、なぜ美紀さんが有罪とならねばならないのか——。美紀さんを社会に戻した後のことは考えているのか——。

ヤクザの元へ

美紀さんが判決を受けたその日、私は、坂上氏と会うため、彼のマンションを訪ねた。

角刈りの頭を掻《か》きながら、億劫《おっくう》そうに玄関へ出てきた坂上氏だが、裁判の結果を伝えると、その途端、態度が一変した。

「へぇー、美紀坊、留置場から出られたの。そりゃーよかった。ホントよかった」

彼は、関東一円を拠点とする指定暴力団の組員。半袖《はんそで》シャツから覗《のぞ》く上腕部には、左右とも、見事な刺青《いれずみ》が彫られていた。いかにも「ヤクザ」という風体の彼ではあるが、美紀さんについて語るとき、その表情は極めて柔和になる。

「これからの美紀坊、ホント心配だ。おかしなところもあるけど、俺、あの子がいなくなると寂しいんだ。オヤジのとこじゃなくって、ここに帰ってくればいいのに……。もう、俺の彼女もいないし」

実は坂上氏は、美紀さんと同居しつつも、別の女性と同棲していたのだ。したがって、美紀さんと坂上氏とは、これまで一度として肉体関係を持ったことはないらしい。だが、「もう彼女には出て行ってもらった」と彼は言う。その理由は、「ただ、何となく」だそうだ。

二時間ほど話をして、引き揚げようとした時だった。彼は、こう口にしたのである。

「美紀坊、すぐここに戻ってくるよ」

その表情は、真剣そのものだった。

それから一ヶ月後、美紀さんのその後がどうしても気になる私は、再び坂上氏のところに足を運んだ。

果たして美紀さんは、坂上氏の住むマンションに戻ってきていたのである。

「あたし、やっぱり、ここがいい」

ぎこちない笑顔で、そう答えた美紀さん。それに呼応するように、坂上氏が浮かれた様子で話す。

「美紀坊は、ホント放《ほ》っとけない子なんだ。だから、ここに帰ってきたときは、ちょっと嬉《うれ》しかったね」

美紀さんが坂上氏のマンションに戻ってきたのは、判決から五日後のことだった。公判終了後は、弁護士に連れられ、確かに父親のもとに帰住していた。しかし、それも束《つか》の間《ま》だった。

「俺、美紀坊のこと何とかする。でもシノギがあんまりないんで、食っていくためには、美紀坊も働かなくっちゃいけない。働かないんだったら、ここから出て行ってもらうしかない」

そう言って美紀さんに視線を移す坂上氏に対して、彼女は伏し目がちに答える。

「あたし、ここしか、いるところない」

美紀さんと坂上氏の出会いは五年前、テレホン・クラブを通じてのことだった。

「あたし、全然友達いなかった。だからテレクラやった」

美紀さんは、一九八〇年、東京都北区に生まれた。五歳の時に、両親が離婚し、以後、父方の実家に預けられ、祖父母によって育てられる。そこは、北関東の山間部の町。小学校・中学校と特殊学級に籍を置き、九年間の義務教育を終えた。

「中学校の時は、仲がいい子がいて、楽しかった。でも、中学校の時、おじさんに変なことされてた」

美紀さんは、中学生の時、父親の弟に山中に連れ出され、度々強姦《ごうかん》されていたのだ。しかし、そのことを語る時も、美紀さんは、実に淡々としていた。彼女には、憎悪や怨恨《えんこん》といったネガティブな感情は、一切ないのではないかと思える。

中学校卒業後は、現在も父親が暮らす、埼玉県内の一戸建ての借家に身を移した。ただし、戸建てといっても、部屋はひと部屋しかなく、今にも傾きそうな、トタン張りの家である。近所に父親の兄夫婦が暮らす家があるが、あまり付き合いはないらしい。兄嫁は、こう語る。

「障害のある子なんで施設にでも預けたら、って言ったんですけどね、あの父親、全く聞いてくれませんでした。逆に、ウチのことに関わらないでくれ、って怒られちゃった」

一六歳以降、人との交わりもほとんどなく、六畳ひと間の家に、いわば「放置」されていた美紀さん。そのうち、テレクラに嵌《はま》るようになっていったのだ。

「六人か七人の人と会った。でも、怖い人もいた。これ、その時にやられた」

そう言って差し出す美紀さんの手を見ると、数箇所《すうかしょ》、彫りかけのタトゥーのような傷跡があった。男の家に監禁状態に置かれ、その間に何度か、針を当てられたのだという。二週間ほどで、この監禁からは逃れることができたが、以後、美紀さんは父親のもとには帰らず、街を徘徊《はいかい》し、ホームレスのような生活を続けることになる。テレクラを利用する頻度も増えていった。そんななか出会ったのが、坂上氏である。美紀さん、二一歳の時だった。

坂上氏は、その時のことをこう話す。

「少し変な子だとは思ったね。けど、帰るところもないようだったから、ちょっと利用してやろうと思った。それで、その頃自分が経営してた本番サロンで働いてもらうことにしたんだ。その日のうちにウチに連れてきて、それからすぐに、店に出てもらった」

しかし、客からの評価は、「下手くそ」とか「マグロ」とか、散々なものだったようだ。この時期坂上氏は、借金生活に喘《あえ》いでいた暴力団組員・近藤氏に対して、美紀さんの戸籍を貸し、借金逃れの手助けをしている。これが、美紀さんにとっての最初の偽装結婚だった。

そして二年前、自分の店を閉じた坂上氏は、吉原のソープランドを始めとして、いくつもの風俗店で美紀さんを働かせるようになる。美紀さんは、明け透けに語った。

「浣腸《かんちょう》されたり、お尻に入れられたりしてた。流産したこともあるよ」

そんな彼女に対して坂上氏は、一応、小遣いらしきものは与えていたようだ。だがそれは少額で、「美紀坊の金の使い方は無茶苦茶なんで、稼いだ金のほとんどは、こっちが管理していた。俺も金が必要だったからね」という。

「俺が美紀坊と籍を入れたのも、借金から逃れるため。けど、韓国人との偽装結婚には、関わっちゃーいないんだ。近藤たちが勝手にやったことで、俺、頭にきて、去年の九月、大久保のババア（朴大礼）のところに怒鳴り込んでいったさ」

坂上氏はそう話す一方で、近藤氏から「三〇万でどうだ」と、事前に話を持ち掛けられていたことも白状した。きっと、金額の折り合いが付かずに断っていたのだろう。だが、その後、実際に偽装結婚させられていたことは、本当に知らなかったようだ。そうでなければ、重婚と分かる婚姻届は提出しなかったはずだ。

偽装結婚の当事者である美紀さんは、事情がまるで飲み込めていない。

「あたし、誰と結婚したか、覚えてない。それから、坂上さんが怖かったから結婚したんじゃない……。でもあたし、やっぱり悪いことしたの？　全然分かんない」

たぶん、そうだろう。彼女には、「偽装結婚」の意味すら理解できていないのだ。

「美紀ちゃんは今、執行猶予中ですよね」と尋ねても、「はあ？」と答えるような有り様なのである。それどころか、法廷に立たされていたことさえ、もう忘れているようだった。

どうせあたし、人とは違う

二〇〇七年の七月末、私は、坂上氏のマンションを三たび訪れた。ドアの向こうから最初に応対してくれたのは、美紀さんである。すぐに、ドアが開かれ、むっとする熱気とともに、彼女が現れた。ミッキーマウスの絵柄がプリントされた真っ赤なTシャツに、カーキ色のハーフパンツといった姿だ。

「坂上さん、お仕事に出掛けてる」

まず、そう口にする彼女の言葉は、これまでになく弾んでいるように思えた。すぐさま坂上氏に断りの電話を入れ、私は、彼女を夕食に誘う。聞くと、この日は、朝、カップ麺《めん》一杯を食しただけだという。

「あたし、坂上さんが好き」

それは、食事の席で突然発せられた、美紀さんの言葉だった。刹那《せつな》、私は、複雑な思いに捕らわれた。今も彼女は、週のうち、二、三度は、坂上氏から紹介された、風俗店と思《おぼ》しきところで働かされているのだ。乱暴な言葉を浴びせられることもある。にもかかわらず、「好き」というのは、どういうことなのか。

「福祉のほうから支援を受けるということも考えられますが、どうですか」

私のこうした提案を、全く受け付けない美紀さんである。自分の居場所は坂上氏のところにしかない、と思い込んでいるようだった。好きだから居たいのか、居たいから好きになっているのか、そのへんは定かではない。

合流した坂上氏に、「美紀ちゃんが好きだと言ってますけど、坂上さんはどうなんですか」と、率直に聞いてみた。「へへっ」、そう言って答えをはぐらかした坂上氏ではあるが、満更でもない顔をしている。彼は今、暴力団組織の仕事とは別に、建設現場での肉体労働もするようになっていた。そして美紀さんに対しては、生花店など、普通の働き口も探しているのだという。

坂上氏の話によると、最近の美紀さんは度々、大声を上げて喚《わめ》き散らすことがあるのだそうだ。

「そんとき、美紀坊は、必ずこう叫ぶんだ。『どうせあたし、人とは違う。生きててもしょうがない』って」

意外だった。美紀さんは、感情の起伏がほとんどない子だと思っていた。怒りや悲しみを、気持ちの中に溜《た》めない子だと思っていた。が、実はそうではなかった。人から言われるがままの受動的な人生を送ってきたなか、やはり、相当のストレスを抱え込んでいたのだ。だが、それを表に現すこともできず、また、その相手もいなかったのではなかろうか。

しかし、今はいる。それが、坂上氏なのだ。そう考えると、「あたし、ここしか、いるところない」という美紀さんの言葉は、能動的なものに思えてくる。彼女にとっては、坂上氏のところこそ、安住の場所なのである。

事実、坂上氏と一緒にいる時の美紀さんは、至極自然だった。坂上氏の前で、拗《す》ねたり甘えたりする彼女。時に、声を上げて笑いだすこともある。

彼女は、この間ずっと、裏社会の中で利用され続けてきた知的障害者なのだ。そして坂上氏は、利用する側にいた人間である。そのことを思うと、怒りと切なさが込み上げてくる。だが一方で、福祉の支援によって、今の彼女の満足感が得られるかどうかは疑わしい、とも思う。

美紀さんが望んでいる場所。それは言葉では表さないが、「自由」と「愛」が存在する場所であるに違いない。坂上氏は、それに応《こた》えることができるのであろうか。いや、問題はそこにとどまらない。彼女のような人間が持つ内なる叫びに対して、社会がどう応えていくのか、そこが一番重要なところなのかもしれない。

第五章　多重人格という檻——性的虐待が生む情緒障害者たち

解離性同一性障害

二〇〇八年の初夏のある日、私は、東京都内の喫茶店で、一組の男女とテーブルを挟んで向き合っていた。二人は、互いに二〇歳を過ぎたばかりの若いカップルで、現在、埼玉県内のアパートで同棲中だという。生活のすべては、男性の派遣社員としての稼ぎによって賄《まかな》われているのだそうだ。

椅子に腰かけて以来、まるで同化しようとでもしているかのように、ぴったりと肩を寄せ合う二人。しかし申し訳ないが、どう見ても、似合いのカップルとは言い難かった。度の強い眼鏡をかけた地味な服装の男性と、髪の毛をブロンドに染めている派手な容姿の女性――。身長一六〇センチにも満たないであろう彼と、女性としては大柄な彼女――。ただし、二人には、大きな共通点があった。互いを結びつけたその共通点とは、二人が経験した忌《い》まわしい過去であり、二人が共に有する心の中の深い傷だった。

石渡雄二《いしわたゆうじ》さん（仮名）と羽田由美《はねだゆみ》さん（仮名）。この二人と会うのは、これが二度目である。前回は、話の最中に彼女が、突然、失神したような状態となり、結局、初対面から三〇分ほどで、二人は帰ってしまった。

「あたし、何でもしゃべってやるからさ」

そう言った後、私の目を見据え、捲《まく》し立てるように、自分の趣味などについて語っていた由美さんだが、急に口を閉じてしまい、それから、視線が天井に固定されたまま、身動きひとつしなくなったのである。そして、雄二さんに手を引かれ、私の前から去るときには、赤ん坊のような泣き声を上げていた。

「この前は、どうもすみませんでした。前回しゃべっていたのは、由美のなかの副人格なんです。それに最後にもう一人、赤ちゃん状態の副人格が現われたんですよ。でも今日は彼女、いまのところ、基本人格の状態ですからね。きっと、本当の気持ちが聞けると思います」

今回、雄二さんは、喫茶店に入ってくるなり、由美さんの状況をそう説明した。では、当の彼女はどうかというと、前回とは打って変わり、おどおどとした様子で、決して私と目を合わせようとしない。自分から話をすることはなく、私が質問を投げかけても、返ってくるのは、か細く消え入りそうな声で、よく聞き取れない言葉も多かった。フラッパー的印象を受けた前回の彼女とは、まったく別人のようである。その相貌《そうぼう》も声色もまったく違うのだ。ただ、前回と同じところは、ひっきりなしに煙草《たばこ》を吸い続けている、という点だった。

だが、喫煙する由美さんの姿を見ていると、嗜好物《しこうぶつ》を味わっているというふうではなく、かといって、間をもたせるために吸っているという感じでもなかった。震える指先で摘《つま》まれた両切り煙草のショートピースは、何か義務的意識のもとに、口に運ばれているようだった。煙を吐き出す前の彼女は、決まって、苦い薬を口にしているかのごとく、表情を歪《ゆが》めている。

「吸い過ぎは、体によくないんじゃないですか」

この月並みな私の質問に対して、雄二さんが間髪を容《い》れずに答えてくれた。

「由美は、中学生の頃から、煙草を吸っているみたいなんです。それも、ニコチンが強いやつばっかり。本人が言うには、『早く肺ガンになって死ねるように』ですって。それだけじゃないですよ、ここを見てください」

彼は、そう言って由美さんの左手を取った。見ると、彼女の前腕部には、無数の切り傷があるのだ。

「リストカットですか」

こう私が口にした刹那《せつな》だった。

「はっはっはっ」

突如、由美さんの高笑いが、店内に響いたのである。他の客の仰天した視線が集まるなか、雄二さんが冷静に言う。

「副人格の由美が現われたようですね。これからの彼女は……」

すると、由美さんが、雄二さんの言葉を遮るように、大声を上げた。

「あんた、何わけがわかんないこと言ってんのよ。あたしはあたしじゃないの。大体ね、あんたが言う基本人格って女は、もうこの世の中にはいないんだよ。あいつは、汚い女だった」

事前に聞かされてはいたのだが、俄《にわ》かには信じられない。これが解離性同一性障害、いわゆる多重人格の人に起こる人格交代なのだ。まるで、霊媒師への憑依《ひょうい》の瞬間を見ているようだった。しかし、それも束《つか》の間《ま》、すぐに由美さんは、雄二さんが言う「基本人格の彼女」に戻ったのである。

くり返された「日常的近親相姦《そうかん》」

由美さんがこんなふうになった原因は、明らかだった。

小学校の低学年時から、父親には虐待を、そして母親にはネグレクトされ続けていたのである。雄二さんも両親から、骨折するほどの身体的虐待を何度も受けていたのだが、由美さんの場合は、実父からの性的虐待だった。

基本人格に戻った由美さんが口にした自分自身の過去。それは、言葉を失うような悍《おぞ》ましい出来事の数々だった。彼女自身、二年くらい前までは、小学生当時の記憶を完全に失っていたらしいが、同じような経験を持つ人たちが集まる自助グループに参加するようになって、徐々に記憶が回復しているのだという。当事者同士が互いの過去を包み隠さず語り合うことによって、悩みや痛みを分かち合うことができ、その結果、人への信頼、ひいては自己信頼を取り戻すことにつながるのだそうだ。自己への信頼回復が、過去の記憶を呼び覚ます効果となって表れたのであろう。ちなみに、雄二さんと出会ったのも、そのピアカウンセリングの場なのだそうだ。

「この話をすると、また私、途中でおかしくなっちゃうかもしれませんが」

そう前置きしたうえで語り始めた彼女の生い立ちは、次のようなものだった。

地方公務員の父、そして国家公務員である母の間に生まれた一人っ子の由美さんは、保育園に通っていた頃までは、友達の多い活発な子どもだった。しかし、小学校に上がると同時に、母親が隣県にある国の出先機関に転勤。結果、週末以外は、父親との二人暮らしとなり、この生活の中で、彼女の性格は大きく変わっていった。学校に行っても、友達と言葉を交わすことは、ほとんどなくなったのだ。

当初、由美さんは、父親との二人暮らしを、喜んでさえいたのだという。あまり彼女のことを構ってくれなかった母親と比べ、父親は、いつも由美さんの遊び相手になってくれ、「大好きな存在」だったのだそうだ。

「父に対して、ちょっとおかしいなって思うようになったのは、一緒にお風呂に入っている時でした」

この言葉を口にした後、由美さんは、一度大きく深呼吸し、紫煙を吹き出した。そして、煙草を揉《も》み消すと、覚悟を決めたように話を始めた。

「父が私のあそこを触ってくるんです」

父親は、由美さんの体を洗う時、必ず性器の中にまで指を入れてくるとともに、彼女の手を自分の股間《こかん》に導いていたのだった。

「はじめのうちは私、嫌な顔をしてたんだと思うんですけど、『パパとお前は、本当に仲のいい親子だからね、大事なところも洗い合うんだよ』って言葉に説得されて、結局、いつも同じようなことをやらされることになったんです。それで、いつの間にか、父は射精までするように……」

父親の所業は、これに留まらず、どんどんエスカレートしていったのだという。食事中、急に由美さんを全裸にし、その姿をカメラに収めたり、就寝時、大人のおもちゃのような器具を由美さんの陰部に押し付けてきたり、と。

「そんなとき、いつも父は、『由美はパパのものだからね』って言っていました。そしてそのうち、オーラルセックスまで求めてくるようになったんです。仕方なく私は、それに応じました」

決して、あっけらかんと話しているわけではなかった。彼女は、ひとつひとつの言葉を噛《か》み締めるように口にしていた。それだけに、その一言一言が重い響きとなり、聞くほうを居《い》た堪《たま》れない気持ちにさせる。それにしても、父親の行為の、なんと穢《けが》らわしきことか。

「酷《ひど》い」

そう呟いたきり、言葉の出ない私に、彼女が言う。

「私、本当に悩みました」

当然のことながら、由美さんは、父親の行動に動揺し、苦痛と煩悶《はんもん》の日々を送ることになる。そこで彼女は、週末に帰宅する母親に対して、父によってなされている行為について報告し、どうすればいいか、相談を持ちかけることにしたのだそうだ。

「でも、まったく相手にされませんでした。『パパが変なの、お尻を触ってきたりして、いろいろエッチなことするの』って、たぶん、まずはそんなことから話を切り出したと思うんですけど、母の答えは、こうでした。『あんたが悪いのよ、子供のくせに、妙にませてるから』ですって」

だが、そのときの由美さんは、母親への失望よりも、自分への罪悪感を覚えたのだという。そして、それ以来、この話を口にするのは絶対にやめようと思ったのだそうだ。「二人だけの秘密だから、誰にも言わないように」という、父親の口止めに従ったわけではない。人にこのことを話せば、ますます自己嫌悪に陥ってしまうのではないか、と考えたからだった。

「自分の存在が、立派な父を変な人間にしてしまっている。そんなふうにも思いましたね」

自嘲の意味なのか、そう言いながら笑みを浮かべる由美さんだったが、眼には涙が溢《あふ》れている。

そして、由美さんが小学三年の夏休み、父親は、娘との間の越えてはならない一線を踏み越える行動に出たのである。

「蒸し暑くて、なかなか眠れない夜のことでした。『パパはね、ママよりお前のことが好きなんだよ』、そう言われた途端、突然、パジャマを剝《は》ぎ取られて、そのままインサートされたんです。いまでも、その時おおいかぶさってきた父の体の重さは忘れません」

自分を責め続けるもう一人の人格

耳を塞《ふさ》ぎたくなるような話は、なおも続いた。雄二さんが言うには、ピアカウンセリングの場では、これよりももっと赤裸々な体験談が飛び交うのだそうだ。

「父はそれから……」

由美さんは、ハンカチを目に当てながら、さらに自分自身の過去について告白する。

初めての近親相姦以来、父親による娘へのセックスは、ウィークデイの夜、毎晩のように行なわれるようになったという。そして、日を追うごとに、性欲の満たし方が荒々しくなり、由美さんが小学校の高学年になる頃には、強姦に近いセックスや、SMプレイもどきの性行為にも及ぶようになっていった。果ては、全裸のままロープで縛り付けられて、車のトランクに入れられることもあったそうだ。こうなると、鬼畜の所業以外の何物でもない。そしてそれは、重大かつ凶悪な犯罪行為でもある。

「いま考えると、なんで警察に行ったり、児童相談所に行ったりしなかったかって思うんですけど、そのときは、やっぱり心のどこかに『悪いのは私』って思いがあったんですね。父よりも、自分自身を責めていたんです」

結局、由美さんは、毎夜くり返される父親からの凌辱《りょうじょく》に耐えかねて、精神のバランスを崩してしまうこととなる。週末帰宅の母親は、そんな彼女のことをますます疎《うと》んじるようになり、会話すらしてもらえなくなった。中学生になった由美さんは、精神科の診断を受けるが、父親の付き添いのもとでは、医師に真実を話すことはできなかった。挙げ句、引きこもりのような生活になって、それから一年くらい経《た》った頃からだった。由美さんのなかに、別人格が生まれ始めたのだ。そして、中学の二年生頃からは、別人格に指嗾《しそう》され、頻繁に家出をするようになった。これを「解離性遁走《とんそう》」というらしいが、そんな状況になって間もなく、由美さん自身が気づかぬうちに、彼女は、売春グループの一員となっていたのである。覚醒剤《かくせいざい》にも手を出すようになっていた。

「少年鑑別所の中で、父と母が離婚したことを知りました。それからすぐに、父が自殺したと聞いて……」

憂愁《ゆうしゅう》に満ちた表情でこう語っていた由美さんだが、一瞬言葉に詰まり、そのまま泣き崩れるのかと思いきや、そうではなかった。またも、あの高笑いが聞こえてきたのである。

「はっはっはっ、あんな親父《おやじ》、死んじまって清々《せいせい》したよ。それにしても、あの由美ってて女はアホだね。あたし、あいつがバカ親父に犯されているところ、いつも近くでじっと見てたんだけどね、まったく抵抗もしないんだ、あの女」

由美さんはこう言い放ったかと思うと、今度は、卒倒するように、雄二さんの膝《ひざ》に頽《くずお》れてしまった。そして一〇秒ほど後、きょとんとした表情を見せた彼女は、チュッチュ、チュッチュと音を立て、自分の親指をしゃぶり始めたのだ。たぶん、幼児のような人格にスイッチしたのであろう。

「わたちね、パパに抱っこちてもらえて、しあわせよ」

甘えたような幼児言葉で、そう雄二さんに話しかける由美さん。その姿を前に、私の胸中は、遣《や》る瀬無い気持ちに覆《おお》われていった。

――人間としての存在を否定せねばならないほどの過酷な経験をした彼女は、多重の人格を有することによって、ようやく生を保っていけているのかもしれない。彼女の解離性同一性障害は、まさに自己防衛本能からきているのではなかろうか。

頑是ない笑顔を浮かべている由美さんに対して、私は、そんな悲哀を感じていた。そして、このような問題にまったく無関心だった自分を恥じた。

顕在化しにくい親からの性的虐待

雄二さんの話によると、由美さんのような障害を抱えた女性は、程度の差こそあれ、世の中にたくさんいるのだそうだ。そして、そのほとんどが、彼女と同様、身内から性的虐待を受けた過去を持っているという。

「由美は、いつも人から奇異な目で見られたり、『変な演技をするな』なんて、まるで嘘《うそ》つきのように言われることもありますがね。僕たちがお世話になっているセラピストの先生が言うには、解離性同一性障害というのは、強烈な心的外傷を受けた人に起こりうる、ごくごく一般的な障害なんだそうです」

最後にそう力説した雄二さんに、私は、大きく頷《うなず》いて、「なるほど、そうなんでしょうね」と答えた。

しかしいずれにせよ、雄二さんの発言が本当だとすれば、この世の中には、親からの性的虐待を受けた人間が数多く存在することになる。

思えば、たしかにそのとおりだった。以前、フリーのライターをやっている知人に聞いたのだが、「盛り場を徘徊《はいかい》する家出少女や風俗の仕事に従事する女性のうち、少なからぬ割合で、近親相姦された経験を持つ子がいる」というのだ。そして、その知人は、こう付言した。

「風俗嬢のなかには、幼い頃の性的トラウマを乗り越えるために、あえて性風俗の世界に身を投じている人もいますが、なかなかトラウマを払拭《ふっしょく》するのは難しいようです。そんななか、自暴自棄になって、自傷行為や非行をくり返すようになる子もいますよ」

なんとも切ない話である。そういえば、法務省関係者から、「少年院や少年鑑別所といった矯正施設の中には、身内からの性的虐待経験を持つ少女たちが結構います」という説明を受けたこともあった。

では、一体なぜ、少女たちがそうなるまで、社会は、その惨《むご》たらしい現実に気づかなかったのだろうか。そして、児童福祉行政は、どうしてそれを放置し続けたのであろうか。

そこで私は、最近まで児童相談所に児童福祉司として勤めていた福祉関係者・城田《しろた》一哉《かずや》さん（仮名）を訪ねることにした。

「触らぬ神に祟《たた》りなし」の児童相談所

児童相談所というのは、一八歳未満の子どもたちに関するさまざまな問題に対して、その相談に応じる行政機関である。とくに、児童への虐待については、二〇〇八年四月からの法改正にともなって、児童相談所の権限が大幅に強化されることとなった。裁判所の許可を得たうえではあるが、虐待が行なわれている恐れのある家庭への強制的立ち入りが可能になったのである。それは、虐待やネグレクトを受けた子どもが死亡するといった痛ましい事件が後を絶たない現状を鑑《かんが》みれば、当然の措置であろう。

実際、〇六年度中に、全国一九六カ所の児童相談所に寄せられた児童虐待に関する相談件数は、三万七三二三件で、統計を取り始めた一六年前の約三四倍となっている。これは〇七年の九月に「社会福祉行政業務報告」として公表された数字なのだが、このなかには、かなり懐疑すべきデータもあった。性的虐待の数は、虐待相談の総件数の中で、わずか三・一%、一一八〇件にすぎないというのだ。欧米各国においては、虐待数全体に占める性的虐待の割合は、それぞれ二〇%から三〇%と報告されているにも拘《かか》わらず、である。

このへんのことを、城田さんに尋ねてみた。

「児童相談所には、私がやっていたような児童福祉司のほかにも、大学で心理学を学んだ児童心理司、それに嘱託医として勤務している精神科医もいます。でも、児童虐待の相談には、そうした専門職だけではなくて、一般の行政職員が対応するケースも多いんです。山本さんもご存じのとおり、相談件数が鰻《うなぎ》上りに増加しているなかで、専門職の数が決定的に不足していましてね。現状では、専門的知識に基づいたきめ細かな対応は、ほとんど取れていません。とくに、性的虐待に関しては、その実態を明らかにするには、長い時間をかけて被虐待児の心を解きほぐしていくことが必要ですし、その過程で加害者である親との諍《いさか》いが生じることもあります。これは私が感じた児童相談所内の雰囲気なんですが、性的虐待については、明らかに『及び腰』、いや、もっと言うと『触らぬ神に祟りなし』といった状況でした。なかには、性的虐待が疑われるような場合でも、あえて別の結論を用意して、そこに向けて児童に対し誘導的な聞き取りをする、というような職員もいましたからね」

私は、話を聞きながら、怒りが込み上げてきた。それは、児童福祉行政全体に対してである。

——子どもたちの人生をズタズタにしてしまう重大な犯罪行為であるにも拘わらず、

その事実をなんと軽く見ているのであろう。

とにかく、こうした児童相談所の現状からすると、年間の性的虐待相談数一一八〇件という報告は、とても信じられない数字であることがわかる。それに、家庭という密室の中で行なわれる性的虐待であるから、児童相談所に相談が寄せられること自体が、稀《まれ》なケースだとも思える。したがって、児童相談所が性的虐待と認めた相談件数は、日本各地でくり返されている性的虐待事件の「あくまでも氷山の一角」と考えたほうがよさそうだ。

「でも、性的虐待が発覚したとしても、その後どうするんですか。性的虐待を受けた子どもの心をケアする専門的児童施設は、そうはありませんからね。そこが問題なんです」

城田さんは、半ば開き直ったように、そう言った。

「大村椿《つばき》の森学園」から見えてくる希望

〇八年の七月、私は、長崎県大村市にある情緒障害児短期治療施設「大村椿の森学園」を訪問した。大村市内を一望できる山腹に位置する鉄筋コンクリート三階建てのその施設は、周りの深い緑から漂ってくる、馥郁《ふくいく》とした香りに包まれていた。

ところで、情緒障害児短期治療施設とは、どういうものなのか。

児童福祉や精神医学の関係者から「情短」と呼ばれているこの施設は、児童福祉法の第四三条の五に基づいて設置される施設であり、法律の条文どおりにいえば、「軽度の情緒障害を有する児童を、短期間、入所させ、又は保護者の下から通わせて、その情緒障害を治すこと」を目的としている。厚生労働省は〇九年度までに、この情短を全都道府県にあわせて六〇ヶ所設置する予定だが、〇八年七月現在、全国二五道府県、三二ヶ所の開所に留まっており、情短施設を新設することの困難さがうかがえる。

こうしたなかではあるが、大村椿の森学園の理事長・田崎耕太郎さんは、自信に満ちた表情で言う。

「たしかに情緒障害のある子どもが入所するとなると、地域社会の中に警戒と反発が生まれるかもしれませんが、こうした施設が必要であるという、その意味をきちんと説明すれば、必ず納得してくれると思います」

今年四〇歳という若い理事長が口にしたその言葉は、大いに頼もしく感じられた。そしてそれは、期待していたとおりの言葉でもあった。

そもそも私が全国に三二ヶ所ある情短施設のなかでも、真っ先にこの大村椿の森学園を訪問したのは、田﨑理事長の存在があったからに他ならない。田﨑理事長は、情短が抱える問題や情短が持つ意義について、メディアを通じて発言している数少ない人物だった。さらにいえば、他の情短の入所対象者が「不登校児」がほとんどという状況下にあって、ここ大村椿の森学園は、積極的に「被虐待児」を受け入れている希少な施設である点も、私に関心を抱かせた大きな理由だ。

理事長が示してくれたデータによると、大村椿の森学園では、〇三年四月一日から〇七年一二月三一日までの間に入所した児童数は、六六名となっている。このうち、被虐待の事実が確認された児童が五〇名で、入所児童全体の七六％だ。さらにそのなかで、性的虐待を受けた事実が確認された児童が一二名おり、これを被虐待児童五〇名に占める割合で見ると、実にその数値は、二四％に達するのだ。児童相談所が発表した数値三・一％とは、八倍近い開きがある。

「ここでは、施設職員が子どもたちと寝食を共にしていますし、臨床心理士であるセラピストや精神科医も、日常生活のなかで深く関わっていますから、信頼関係もできやすいんです。そんななかで徐々に心を開いていく子どもたちが、やがて、児童相談所では決して口にしなかった性的虐待経験を話し始めるんです。そうした虐待の事実を把握することは、その後の子どもたちに対する、より有効なメンタルケアにつなが

ります から、非常に大事なことなんです」

そう解説してくれた田崎理事長は、現場職員の苦労についても言及する。

「ここでの被虐待児のなかには、アスペルガー症候群の子どもたちをはじめ、多動性障害や解離性障害を抱えた子どももたくさんいますから、その支援は大変なんです。職員たちは、疲弊していて本当に疲れ切っていますよ。法律的にいえば、『軽度』の子どもたちを『短期間』入所させて治療する施設ということになっていますが、実態はまったくそうではありません。ここにいる子たちは、『軽度』でも『短期入所』でもありませんからね。情緒障害児短期入所施設というのは、厚生労働省の、そうなればいいという思いを込めたネーミングなんでしょうね」

田崎理事長は、少し苦笑いした後、また張りのある声に戻って、こう言った。

「でも、私たちは、ここにいるような、『福祉』と『医療』と『養護』の狭間《はざま》にいる子どもたちの『生き直し』に、ずっと関わっていきたいと考えています」

大村椿の森学園では、〇八年度から、入所定数を五名増やしたのだそうだ。そして、田崎理事長は、「さらに、こうした施設を全国に開設していきたい」との決意を力強く口にした。

田崎理事長からのレクチャーを受けた後、私は、主任職員の案内のもと、施設内を見て回ることにした。

「あんた、なんしに来たと。ここば見たって、しょうがなかよ」

なかには、こんなふうに、挑発的な言葉をぶつけてくる少女もいたが、入所している児童全体を見ると、思っていたより落ち着いているように感じた。これも、この施設におけるケアの成果ではなかろうか。そして、何よりも心に突き刺さったのは、大人からの愛情に飢えているであろう子どもたちが見せる、職員たちへの無差別的愛着であった。誰彼構わずベタベタ、といった様子の子が何人もいるのだ。裏を返せば、「私を捨てないで」「僕のことを振り向いて」、そんな親に対する心の叫びが、こうした行動になって表われているのではないか、と思った。

施設案内を終えた主任職員が、最後にこう言う。

「私たちの仕事は、希望を失いつつあった子どもたちに、一生懸命に生きていこうとする自信と勇気を与えることです」

こうした情短施設が、社会の需要に応《こた》えられるように、一刻も早く全国各地に整備されることが望まれる。そんな思いを強くした施設訪問だった。

長崎からの帰路、私は、太宰治の短編小説『魚服記』を読んでいた。

東北地方のある村を舞台としたこの小説のストーリーは、父親に犯された娘が滝壺《たきつぼ》に飛び込んで自殺してしまうという悲劇的な結末をもって終わる。私は、最後の場面を何度も何度も読み返した。娘は、自殺の直前、ひと言「おど！」と言ってから、身を投じるのである。

この小説で描かれているように、子どもは、どんなに酷い仕打ちを受けようとも、親に対する執着心を持ち続けるものなのだ。それだけに、家庭内における虐待は、他人からの虐待と比べ、より残酷性が高いのである。しかも、その行為が子どもたちの心神に、大きな障害をもたらすことにもなるのだ。

そのことを、児童福祉関係者だけではなく、すべての大人が肝に銘じておくべきではなかろうか。

第六章

閉鎖社会の犯罪——浜松・ろうあ者不倫殺人事件

ゲームセンターの名物親子

名古屋市千種区《ちくさ》のJR千種駅から徒歩で五分ほどの場所に、「ラウンドワン」という屋内型複合レジャー施設がある。ボウリング場を中心に、ビリヤードや卓球コーナー、ゲームセンターなどが併設されているアミューズメント・スポットだ。

入口から最も奥まった一角にある、メダル投入式の競馬シミュレーションゲーム。レースが映し出される一〇〇インチの大型プロジェクターに向かって、タッチパネルモニター付きのテーブルが二十数台並ぶ。その一席、煙草《たばこ》の煙が立ち込めるなかに、いつも一組の親子の姿があった。四〇歳代後半の父親と、中学生くらいの息子である。二人はほぼ毎日、午後七時前後に現れ、営業終了時間の午前零時近くまで、この競馬ゲームに熱中していたという。

メダルゲームコーナーを担当している若い男性店員が、親子について、重い口を開いてくれた。

「私がここで働きはじめたのは四年前ですが、確か、その頃からお見えになっていました。お二人のことは、そりゃー、よく覚えています。なぜかっていうと、お子さんのほうは、まだ少年ですよ。そんな子供を夜中まで遊ばせておくことも不思議でしたし、それよりも、やはり……。やはりですね、あの親子が二人とも耳の不自由な方で、お互い、手話を使って会話をされていたからです」

常連だという学生風の男性客にも、親子の印象を聞いてみた。

「ああ、あの耳の聞こえない人たちのこと。親父《おやじ》のほうは、身長が一八〇センチくらいあって、体格もがっちりしててさ、ちょっと見は、おっかなそうなんだけどね。でもさ、いっつも、大人しかったな。大体こんなギャンブル性の高いゲームは、やってる人間の性格とか人柄がでるんだけど、あの親父は、本当に温厚だったよ」

二人は楽しそうな笑顔を常に絶やさなかったという。ゲームに負けて腹の虫が収まらぬ時にも、彼らを見ていると、途端に気持ちが和らぐのだそうだ。親子の存在は、メダルゲームコーナーにあって、そうした微笑《ほほえ》ましさを醸《かも》し出していたらしい。

しかし、二人の姿を目にすることは、もうない。「寂しいな」と言ったきり、男性客は黙り込んだ。

「ここは、メダルをお預かりできるシステムですからね。そんなにお金を注ぎ込むこともなく、前の日に預けたメダルを引き出しながら、うまく遊ばれていました」

店員がそう話すように、親子は、連日この「ラウンドワン」を訪れていたにもかかわらず、さほど散財していたわけではなかったようである。若い店員は最後に、表情を硬くして呟《つぶや》いた。

「それにしても、あんな事件……、とても信じられません」

その事件の日、八月一五日も、父親と息子は、深夜まで競馬シミュレーションゲームに興じていた。

凶行

二〇〇五年八月一五日、男は午前七時頃、名古屋市千種区内にある自宅の玄関を出た。

すぐに自家用車に乗り込み、エンジンを始動させる。車はトヨタのイスト。コンパクトカーと呼ばれ、その手の車のなかでも、ホンダ・フィットや日産・マーチと並んで女性に人気の車種だ。実はこの車は、自家用車といっても、妻が所有する車なのである。妻には「仕事に行くから」と言い置いて、使用している。だが、男は普段、地下鉄とバスを乗り継いで通勤している。しかも、実際にはこの日、職場は夏期休暇中だった。

なぜ、妻に対して、言を構える必要があったのか。理由は、外出の目的にある。男の行き先は、名古屋市から一〇〇キロ以上離れた、静岡県浜松市の某所。そこで、ある女性と落ち合う予定でいた。

その女性と男は、高校時代の同級生だった。前年の一一月に行なわれた同窓会をきっかけに、携帯電話の電子メールを交換し合う仲となり、再会から二ヶ月ほどで、肉体関係を持つに至った。以来、二人の間には、人目を忍ぶ不倫関係が続く。およそ月に一回のペースで、男が女性の住む浜松に出向き、その都度、近隣のラブホテルにおいて情交を結んだ。

今回は三日前のメールの遣《や》り取りによって、密会の約束を交わしている。

「乗鞍《のりくら》スカイラインに行こう」

男は、そうメールを送った。乗鞍スカイラインといえば、岐阜県の飛騨《ひだ》地方にあり、浜松から車で向かうとなると、かなりの行程となる。したがって女性は、男と夜を共にするつもりでいた。夫や一九歳になる一人息子には、「東京の友人宅に行くので」と説明し、外泊の名目をつけた。

彼女の家から一五〇メートルほどの距離にある特定郵便局。まさに咫《し》尺《せき》の間《かん》に位置するそこが、男との待ち合わせ場所だった。

晴天に恵まれた盆の中日とあって、随所で道路が渋滞するなか、男は、心急《せ》くままに浜松へと車を走らせた。途中、女性の携帯電話に何度もメールを入れる。彼女のほうからも、再三メールが寄せられた。そして午前一〇時三〇分過ぎ、ようやく約束の場所に辿《たど》り着く。郵便局前の路上に車を停め、急ぎ「到着した」旨《むね》のメールを送信し、彼女が来るのを待った。

二〇分あまりが経過した午前一〇時五五分頃、女性は現れた。白い長袖《ながそで》ブラウスに黒いキャミソール、紺色のジーンズに茶色のサンダルという出《い》で立ち。ガラス細工のイヤリングが両耳を飾る。身長一六〇センチ弱、その体型は四七歳とは思えないほど、見事なプロポーションを保っていた。

彼女は、周囲を見回しながら車の後部ドアを開け、素早く左側のシートに身を埋《うず》めた。運転席の男が後部席に上半身を向けて、お互いが挨拶《あいさつ》を交わす。が、それも束《つか》の間《ま》、ただちにトヨタ・イストは動き始めた。二キロ半ほど走れば、東名高速道路への入口、浜松インターチェンジがある。

ほどなく車は、住宅街を通り過ぎ、高速道路沿いの側道に入った。ハンドルを握る男とリアシートに座る女性との間に、その後まったく会話はない。

出発から約五分後、浜松インターを目前にした時だった。男が突然、走行中の車を、道路に面した空き地へと滑り込ませた。

「ちょっと待って　トランクの荷物　取ってくる」

きょとんとする彼女に、そう男は伝え、そそくさと車を降りた。すぐさま車両の後背部に回り、リアハッチを上方に跳ね上げる。イストは、ハッチバック式の車で、トランクと乗車スペースを隔てる仕切りはない。男の視線は、ヘッドレストに頭を預けて座っている女性の後ろ姿に注がれた。

男は計画を遂行すべく、車内に上体を入れた。躊躇《ためら》いはなかった。

彼女の首に両手を伸ばそうとした、その瞬間である。トランクの中にあった長さ六〇センチほどのナイロン製の傘入れが、目に留まった。男は即座に傘入れを拾い上げ、両端を双方の手で強く握り締めた。すかさず、それを女性の前頸部《ぜんけいぶ》に掛け、力任せに引き寄せる。傘入れが喉元《のどもと》に食い込み、刹那《せつな》、女性の体がぴくりと動いた。反射的に両手を頸部に当てた彼女は、この状態から逃れようと、必死の抵抗を試みる。男の手を摑《つか》み、拳《こぶし》を解《ほど》こうともした。しかし、もがき苦しむ声は、男の耳には届かない。男は渾身《こんしん》の力を込めて、容赦なく頸部を締め付け続けた。

やがて、女性の両腕は力なく垂れ下がり、肢体のすべても、その動きを失った。男が握り拳を緩めると、彼女の上半身は右に傾き、そのままの肩口からシートに頽《くずお》れた。

男は目的の達成を確認するため、車両後部の右側ドアを開け、車内に乗り込んだ。

ところが、脈拍をとるまでもなかった。倒れ伏している体は、まだ生命を維持していたのだ。左の脇腹《わきばら》付近が上下動を繰り返している。男はもう一度、傘入れを手にした。今度は、女性の首に一回巻き付けてから、両端を引っ張る。あらん限りの力を、上肢に集中させた。

そんな鬼畜の所業が数分間にわたって続き、挙げ句、彼女は完全に絶え果ててしまった。それは、男と女性が落ち合ってから、わずか一〇分あまり後の出来事だった。

杜撰《ずさん》な隠蔽《いんぺい》工作

電光石火の如《ごと》く人ひとりを殺《あや》めた男ではあったが、殺害後の計画はというと、はなはだ杜撰なものだった。死体は、どこか人目に付かないところに捨てればいい。その程度の考えしかなく、具体的な投棄場所など、ほとんど念頭になかった。

まず男は、後部座席に横倒しになっている遺体にカーサンシェードを被《かぶ》せ、それから大急ぎで車を発進させた。不帰の客となった女性との、当て所《ど》もないドライブが始まったのだ。

とりあえず、東名高速道路沿いの側道を浜松インターに向かって東に進む。インターチェンジの手前で交差する、県道四五号線。通称「笠井《かさい》街道」と呼ばれ、天竜川と並行して南北に走る幹線道路だ。北上すれば天竜川の上流、すなわち山間部に行き着くはずである。ハンドルを左に切った車は、人気《ひとけ》のない山あいの地を求めて、ひたすら北へ北へと進路を取った。

笠井街道から県道九号線に入ると、途端に道幅は狭くなり、その両側を木々が覆《おお》うようになってきた。走行中、横手に見え隠れする川は、天竜川の支流・阿多古川《あたごがわ》で、九号線と同じように、蛇行を繰り返しながら山中に這入《はい》り込んでいく。

しかし、いくら奥に進んでも、道沿いには、一キロ置きくらいに集落がある。また、キャンプ場やバーベキューランドなどのレジャー施設も点在しており、行き交う車が後を絶たない。焦燥感を抱きつつ、なおも山道を上っていくと、今度は徐々に道幅が広がってきた。すると間もなく、小学校や役所の支所、さらには駐在所までもが姿を現した。

もう北でも南でも、どちらでもよかった。ただ、人影のないところでさえあれば――。男は業《ごう》を煮やし、車をUターンさせる。あとは勘に頼るのみ。女性の死体を乗せた車は、その後、闇雲《やみくも》に山の中を行き来した。

殺害現場を発《た》ってから三時間以上が経過した頃、迷い込むように、一本の小道に入った。しばらくは両脇に茶畑が続いたものの、次第にそれが草叢《くさむら》となり、藪《やぶ》となり、雑木林へと変わっていく。対向車と出くわすこともなくなった。

そうしたなか、ついに絶好の場所を見つけた。道路際《ぎわ》の一方が急勾配《きゅうこうばい》の深い谷となっており、斜面には杉の木が生い茂っている。ここだ、と思った。

男は、ガードレール沿いの路肩に車を停め、運転席から降りた。周辺に人の気配は感じない。早速、後部ドアを開け、女性の死体を、引き摺《ず》るようにして車外に出す。そして、一旦《いったん》ガードレールの上に遺体の腹部を乗せると、その両足を高く持ち上げ、ひと思いに崖下《がけした》に突き落とした。勢いよく転がり落ちる遺体。だが、五メートルほど下の灌木《かんぼく》に引っ掛かり、うつ伏せの状態で動きを止めてしまった。

鬱蒼《うっそう》とした叢林《そうりん》の中ではあるが、道路側から目を凝らせば、木々の間から死体が覗《のぞ》く。そんな状況にも拘《かか》わらず、男は、すぐに車に飛び乗り、怱々《そうそう》とその場を後にした。一刻も早く、死体遺棄現場から逃れたかったのだ。時計は、午後二時半を回っていた。

山懐《やまふところ》の隘路《あいろ》を駆け抜けた車は、県道四七号線に出た。県道といっても、道幅は狭く、樹林帯の間を縫う道路だった。車の通りはほとんどなく、人の姿も見掛けない。男はブレーキを踏み、車を道端に寄せた。そして、車内に残された女性のハンドバッグをまさぐり、中から携帯電話を取り出す。

これさえなければ──。男は、電話機を真っ二つにして、木立の中に抛《ほう》り捨てた。さらにハンドバッグも、少し先に進んだ地点で、道路脇の側溝へと投げ入れた。

こうして、目的を成し遂げた後、車は西の方角、つまり男の自宅がある名古屋に向けて走り出す。愛知県に入ってすぐ、ガソリンスタンドで二〇〇〇円分の給油をして、豊川インターチェンジから東名高速道路を利用した。豊川インターより約五〇キロの東郷パーキングエリア。ここで男は、凶器に使った傘入れをゴミボックスの中に投棄する。これで、すべての証拠品を処分したことになる。

午後五時過ぎ、名古屋インターを降りた車は、ただちにガソリンスタンドに立ち寄る。機械洗車を済ませると、男は念入りに車内を清掃し、凶行の跡を消し去った。

そして午後六時二〇分頃、いつもの場所に到着。「ラウンドワン」である。男は、息子の携帯電話に所在を知らせるメールを打ち、あとは何食わぬ顔で競馬シミュレーションゲームと向き合った。

被害者も加害者も「デフ・ファミリー」

女性の遺体は翌日、あっさりと発見された。死体遺棄現場から一〇〇メートルほどのところに住む六〇歳の主婦が、第一発見者だった。

午後四時半頃、犬の散歩をしていた主婦は、愛犬のいつもと違う異様な吠《ほ》え方が気になり、その視線の先を追った。彼女の目は、杉林に覆われた山岨《やまそわ》の一角に固定される。間違いない、人間の死体だ。主婦は仰天し、大慌《おおあわ》てで自宅に戻り一一〇番通報した。

静岡県警は、殺人・死体遺棄事件として、天竜署内に捜査本部を設置。七〇人態勢で捜査を開始した。県警捜査一課や鑑識課の捜査員が続々と投入され、フリーダイヤルによる情報提供も呼びかける。

高温多湿の気候のなか、遺体はすでに腐敗が進んでいた。死体発見直後の警察発表によると、「殺害された女性の身長は一五七センチ、中肉で年齢は二〇歳から四〇歳」となっている。新聞やテレビニュースでは、服装や髪形についても細かく報じた。

「何日か前から、娘が家族のもとに帰っていないんです。連絡も取れない状態です。

もしかして、殺されたのは私の娘では……」

一八日午後、七五歳の女性から問い合わせがあった。これを受けて捜査本部は、個人識別のため、指紋や歯型の照合を行なう。その結果、翌日の一九日になって、ようやく遺体の身元が判明した。やはり、連絡を寄せた女性の娘だった。

被害者は、浜松市内の市営住宅に住む、四七歳の主婦・海野かよみさん。四八歳になる会社員の夫、それに一九歳の長男とともに、三人で暮らしていた。同じ市内に住む母親とは、日頃からファクシミリを通じて、頻繁に連絡を取り合っていたという。

実はこの家族、三人とも耳が不自由な「ろうあ者」だったのだ。家庭内でお互いが手話を用いて会話する、いわゆる「デフ・ファミリー（Deaf Family）」である。

新聞各紙は、被害者が聴覚障害者とあって、聾《ろう》学校時代の同級生や近所の人たちの声を拾い、耳が不自由な海野さん一家の普段の暮らしぶりを、詳細に報じた。

かよみさんの告別式は、市営住宅の集会所において、しめやかに営まれた。参列者の数は疎《まば》らで、蕭然《しょうぜん》とした空気が漂うなかでの葬儀となった。近隣住民の姿は、ほとんど見られない。海野家と地域社会との繫《つな》がりは、極めて希薄だったようだ。一方、告別式に足を運んできた人たちの多くは、手話を使って会話をする聴覚障害者。同じ障害を抱えた仲間の死に接して、葬儀の場は、犯人への憎しみに溢《あふ》れていた。

さて、その犯人逮捕に向けての動きであるが、初動段階からの大掛かりな捜査にも拘わらず、なかなか進展が見られなかった。捜査本部は「被害者の交友関係を洗っている」と繰り返すのみで、その具体的内容は伝わってこない。決め手となる情報もなく、事件発覚から一週間、二週間、三週間と、またたく間に時間は経過していった。だが、端緒がなかったわけではない。いや、それどころか捜査本部は、容疑者を一人の男性に絞り込み、緻密《ちみつ》な内偵捜査を続けていた。

糸口となったのは、被害者が使用していた携帯電話の送受信記録。電話機本体がなくとも、刑事事件として調査するならば、電子メールの履歴やその通信内容は、簡単に捜査機関の手に入るものである。そこで捜査本部は、ある事実を掴んだ。被害者は名古屋市内に住む男性と頻繁にメールを交わしており、それが事件直前まで続いていたのだ。被害者と男は、愛知県立名古屋聾学校高等部の同級生だった。

事件発生から二四日目、九月八日の午前七時前、捜査本部は、名古屋市千種区の雑居ビル六階にある男の自宅に踏み込んだ。混乱する家族をよそに、男は動じた様子もなく、粛々と警察の任意同行に応じた。

愛知県警中川署の一室で、手話と筆談を交えた聴取が始まる。状況証拠は、十分に揃《そろ》っていた。携帯メールの通信記録だけではなく、事件当日に使用した妻名義の車の走行状況も、道路各所に設置されている車両ナンバー認識システムによって、すでに確認済み。ガソリンスタンドの防犯ビデオには、男の姿が記録されていた。捜査官は男に対して、それらの証拠を突きつけ、さらに「遺体の爪《つめ》から、被害者のものと異なる血液を検出しており、DNA鑑定も可能だ」と迫る。

さほどの時間も要さず、男の立場は、重要参考人から被疑者へと変わった。逮捕された男の名前は、細江幸司。年齢は、四八歳。すぐに身柄は、静岡県浜北署に移され、その二〇日後、被疑者・細江幸司は、「殺人罪」及び「死体遺棄罪」により起訴された。こうして、ろうあ者を殺害したろうあ者が、司法の場で裁かれることとなったのである。

被疑者逮捕以降のこの事件に関する新聞報道を見ると、犯人が三週間以上捕まらなかったにも拘わらず、一部地元紙を除いては、かなり抑え気味の記事だと感じた。被害者が障害者ならまだしも、加害者が障害者だと分かった場合、新聞・テレビの大手マスコミは、どうしても腰が引けてしまうようだ。

メディアでは報じられていないが、細江被告の七歳年下の妻も、ろうあ者だった。加えていうと、細江被告とその妻、それに海野かよみさんとその夫、この四人は、いずれも同じ聾学校の高等部を卒業した、いわば同窓関係にあった。仲間意識が強固だといわれる「デフ・コミュニティ（Deaf Community）」のなかで、いったい何が起きたのか。そして、何が細江幸司という人間を凶行へと駆り立てたのだろうか。

かつては罰せられなかったろうあ者

私がこの殺人事件に関心を抱いたのは、過去の経験として、四人の聴覚障害者と濃密に関わっていた時期があるからだ。それは、刑務所で過ごした一年二ヶ月間のことである。我が国の刑務所の中には、知的障害者、精神障害者、認知症老人などとともに、聴覚障害者や視覚障害者も多数いたのだ。

私の頭は、誤った認識をインプットしていたようだ。服役するまでの私は、「刑務所の中に、聴覚障害者はいないだろう」と決めてかかっていた。しかし、現実は違った。立法機関にいた人間として恥じ入る限りだが、一九九五（平成七）年に行なわれた刑法改正の中身をよく理解していなかったのだ。この時の改正は、「一九〇七（明治四〇）年の公布以来、カタカナ混じりの文語体であった条文を、すべてひらがな口語体に移行する」、それに「尊属加重規定を撤廃する」、この二点についてだと思い込んでいた。だが実際には、もうひとつの改正点があった。「刑法四〇条の削除」である。

――瘖唖者《インアシャ》ノ行為ハ之《コレ》ヲ罰セス又ハ其《ソノ》刑ヲ減軽ス。

これが刑法四〇条の条文だが、聞き慣れない言葉「瘖唖者」というのは、どういう意味なのか。瘖唖者とは、先天的または幼少期に聴覚能力と言語能力を失った人を示す言葉であり、「聾唖者《ろうあしゃ》」と同義語となる。もっともこの聾唖者という言葉自体、そのまま漢字で表記されることはほとんどなくなった。「聾」と「唖」をそれぞれ訓読むと、「つんぼ」と「おし」、つまり差別用語につながるというわけだ。したがって、行政やマスコミの多くは「ろうあ者」か「聴覚障害者」、もしくは「耳の不自由な人」と表現する。

さらに「ろう者」という呼び方があるが、それは、ろうあ者本人や障害者団体が使い始めた言葉で、「手話で話す聴覚障害者は、決して唖者ではない」という、いわば手話というコミュニケーション手段に対するプライドが含まれている。

さて、いずれにせよ、「聾唖者が刑事事件を起こした場合は、その罪を問わない。あるいは、その罪を軽減する」としていた刑法四〇条は、私が衆議院議員になる前の年に法律から削られていたのだ。

あらためて検証するまでもなく、この法改正は当然の措置だったと思う。「聾唖者イコール刑事責任能力なし」とは、どうしても思えないし、特定の障害だけをとらえて、刑法三九条の心神喪失者や心神耗弱者《こうじゃくしゃ》と同列視するのも、全く納得いかない。むしろ、なぜこのような条文が我が国刑法の中に八八年間の長きにわたって存在し続けてきたのか、そちらのほうが気になる。

いや厳密にいうと、八八年間ではなく、一一五年間だ。一八八〇（明治一三）年に制定された旧刑法の八二条には、次のような一文があった。

――瘖啞ノ者罪ヲ犯シタル時ハ其罪ヲ論セス。

要は、「どんな罪を犯そうとも、聾啞者であるならば、絶対に罰せられない」ということだ。ろうあ者を人間として認めていないに等しい。

では、旧刑法八二条や刑法四〇条のようなルールを設けるに至ったのは、いかなる理由によるものか。明治四〇年公布の刑法を立法者の見地から解説した『刑法修正理由』（南雲庄之助編・一九〇七年刊）という文献があるが、その中に記されている文章が参考になる。ろうあ者に関する件は、次の通りだ。

「未《いま》だ通常人が受けるほどの知識は無い。種々の手段をしてわずかに教育して居るという有り様であるから、たとえ事理が分った瘖啞者たりとも全然之に普通の刑罰を科すると言うは余り極端の改正であろう。余り激しい改正になるからなどの議論があって、結局之を罰せない、罰するときは普通の人より刑を軽くするが、先《ま》ず改正の程度に於《お》いて適当であろうと言う意見からして、斯《かく》のごとき規定となって居るのである」

簡単にいうと、「聾唖者には教育が行き届いておらず、知識が低いから、健常者と同じように罰するべきでない」と述べているのだ。当時の立法者にしてみれば、気の毒なろうあ者に対して、人道的観点から最大限の配慮をしたつもりなのかもしれない。

ところが、聾教育と手話が普及した現代社会においても、刑法四〇条はなお存置されていた。これでは、ろうあ者はたとえ教育を受けたとしても、健常者と比べて生来的に能力が劣っている、と言っているようなものではないか。刑法四〇条は、そんな誤解と偏見を流布《るふ》してしまう恐れがある、極めて非人道的な法律ではなかったかと思う。

結局、一九九五年、刑法四〇条は削除された。それは、ろうあ者団体による粘り強い要請活動があったからに他ならない。そして当然の如《ごと》く、刑務所の中も変わった。

「僕は昭和五四年まで、いろんな刑務所で懲役やったけど、受刑者のなかで耳の不自由な人は一人も見かけなかったな」

以前、作家の安部《あべ》譲二さんがそう語ってくれたが、なるほど、ひと昔前はろうあ者が刑務所に収監されることなど滅多になかったのだろう。だがいま、刑法四〇条の削除によって、裁判で実刑判決を受けるろうあ者の数は確実に増加している。

刑務所の中のろうあ者

私が刑務所で出会った四人の聴覚障害者。六〇歳代、五〇歳代、四〇歳代、二〇歳代と年齢はまちまちだが、うち若いほうから二人が、手話に堪能《たんのう》なろうあ者だった。彼らと共に獄中生活を送ることになった私は、妻に差し入れしてもらった手話辞典を毎日のように開き、何とか手話をマスターしようとした。きっかけは、二人のろうあ者と一緒に作業を行なった際、彼らの会話にまったく加われず、強い疎外感《そがいかん》を覚えたからである。ろうあ者の中に入ると、自分のほうこそ、手話という言語を理解できない障害者ではないかと感じてしまう。

ある日の休憩時間、手話辞典と向き合う私に、二〇歳代のろうあ者が筆談を求めてきた。それまでは、頑《かたく》なに筆談を拒んでいたろうあ者だ。「一体、何事か」と思いながら、彼の手元に目を移し、ぎこちなく動くペン先を追った。御世辞にも巧《うま》いとは言えない文字で、ひらがな中心、「てにをは」抜きの簡単な文章が完成する。もう一人のろうあ者も同様だが、彼らの文章は一見すると、外国人が話す片言の日本語のようだ。

――その本　べんきょうしても　ほんとうの手話　むり。

文章を読んだ私は、すぐにボールペンを手にして、質問を返す。

――短期間では、本当の手話を習得することはできないという意味ですか。

彼は渋面をつくり、「違う」と手話で答えた。するとそこで、二人の筆談を横から覗《のぞ》いていた四〇歳代のろうあ者も加わり、今度は三人で筆談する。そうした遣《や》り取りのなか、私は、これまで思いも寄らなかった、驚きの事実を教えられた。

彼らが言うには、ろうあ者が用いる手話は日本語とは別の言語であって、健常者が学習する手話と比べ、文法や表現方法に大きな違いがあるのだそうだ。健常者である聴者が使う、いわゆる日本語対応手話は、中途失聴者向けには有効かもしれないが、生まれながらのろうあ者には外国語のように思えてしまい、非常に分かりづらいものだという。使う相手によっては、全く理解できないこともあるらしい。

手話という字は「手で話す」と書くが、ろうあ者の手話の場合、実際には手以外の動作が、文法上極めて重要な役割を果たしているのだという。それは、体や頭の向き、あごの引き方、唇の形、視線の方向、眉《まゆ》の上げ下げ、まぶたの開閉といった動きであり、こうした動作と手の動きとを組み合わせて、はじめて意味をなす言葉となるようだ。しかも、動作の大きさや速さの違いが語意を変える。こうなると聴者には、すべての動きを解釈し、その内容を読み取ることなど、とてもできない。そこで詰まるところ聴者は、五十音やアルファベットの指文字をつくり、日本語をなぞるような手話を生み出した。だが、ろうあ者にとってそれは、間怠《まだる》っこしいことこの上ないコミュニケーション手段で、日常生活の中では絶対に使用しないという。

彼らの文章は、助詞や接続詞がほとんど見られず、過去形・未来形・現在進行形の区別も定かでなく、結果として私は、彼らの言わんとすることの半分程度しか飲み込めなかったかもしれない。あるいは、部分的に誤解もあるかもしれない。それでも手話というものの実情をそれなりに承知した旨《むね》、二人に伝えると、若いほうのろうあ者が莞爾《かんじ》たる笑みを浮かべた後、またボールペンを握った。

——けいさつの中　つうやくの人の手話　よくわからないことが多い　ウソつうやくする。

この文章を見た途端、年配のろうあ者が、自分も同様だったというふうに、大きく頷《うなず》く。

二人に確認したところによれば、警察や検察の取調べにおける手話通訳者の日本語訳には、いくつもの間違いがあったというのだ。時には供述した内容とは正反対の主旨が伝えられた、とも主張する。

しかし、彼らには手話通訳者の声は聞こえないはずだ。なぜそう断言できるのかと問うと、もっともな話であるが、後で供述調書を見て分かったのだという。当然それは裁判で否定したのかと質《ただ》す私に、「よく伝わらない」と返す二人。ならば弁護士はどうだったのか、と重ねて訊《たず》ねると、二人は血相を変えて、紙の上に言葉を並べ始めた。

彼らは、思いの丈を述べてくれた。聾学校時代の教育にはじまって、地域社会や就労先での出来事など、聴者に従属させられ続けてきた、これまでの経験を並べ立てる。二人から見れば、日本社会というのは、すべてが聴者優位にできているのだ。したがって、弁護士までもが聴者側に立ってしまう。そういう論理だ。

無理のあるロジックにも思えるが、彼らの真剣な表情を見ると、刑務所内特有の「与太話」として聞き流すことはできなかった。

そして出所後も、私の頭の中に、二人のろうあ者の言葉がずっと引っ掛かっていた。そんな時に発生したのが、浜松市におけるろうあ者殺人事件である。

獄中で出会ったろうあ者のうち一人は、細江被告と同様、ろうあ者仲間を殺《あや》めていた。その彼と細江幸司という人間とが、どうしても重なってしまうのだ。

手話通訳裁判

細江幸司被告の初公判は、逮捕の日からちょうど二ヶ月を経た、二〇〇五年一一月八日に開かれた。

鰻《うなぎ》の養殖に適した温暖な気候で知られる浜松市も、この日は、乾燥した強い季節風が吹き、気温以上に寒さを感じる。午後一時過ぎ、静岡地方裁判所浜松支部の一号法廷前には、厚手の服に身を固めた二〇名ほどの人が集まっていた。手話が飛び交っており、観ずるところ、約半数がろうあ者だと思われる。二つのグループに分かれているようだが、互いは、決して交わらない。被害者側と加害者側、双方の関係者が傍聴に訪れているのであろう。

開廷一〇分前の午後一時二〇分、傍聴人たちは一斉に法廷内へと移動し、二手に分かれて席に着いた。しかしまだ、午後一時に始まった裁判が続行中であり、傍聴席の両側からは、手話によって生じる、衣擦《きぬず》れの音がさかんに聞こえてくる。

先立つ裁判は、ほどなく終了した。有罪判決を受けた中国人女性が連れ出されると、裁判官席横に設けられた通訳席には、中国語通訳者と入れ替わり、男女二人の手話通訳者が腰を下ろした。時を移さず、手錠に腰縄姿の細江被告が入廷する。両脇《りょうわき》の刑務官よりも頭半分ほど背が高い偉丈夫で、色黒の肌と丸刈りの頭が、相貌《そうぼう》を精悍《せいかん》に見せている。グレーのトレーナーにベージュのスラックスという地味な服装のなか、ゴムサンダルの隙間《すきま》から覗く真っ赤な靴下が妙に目立つ。

まずは、手話通訳者が証言台に立った。

「良心に従って、誠実に通訳することを誓います」

緊張からなのか、二人の声は、多少上擦っていた。

宣誓を終えた二人が、通訳席に戻る。と同時に、裁判官が口を開き、女性通訳者が慌《あわ》てて手話を開始する。

「被告人は前に」

細江被告が証言台の前へと進み出る。

「最初に、人定質問を行ないます」

意外にも、細江被告の目は、まったく通訳者には向けられず、ただ裁判官の口元だけを見据えていた。そして、その後の裁判官の問いかけに対し、不安定な発音ではあるものの、言葉を口に出して、しっかりと答えていく。

「氏名は」

「ほそえくぉーじ　ともうひます」

「生年月日は」

「ひょうわ　はんじゅうにねん　ひてぃがつ　にじゅうはんにちふまれです」

以下、本籍地や現住所について尋ねられても、同じような調子で答えた。どうやら細江被告は、読唇術《どくしんじゅつ》と口話法を身に付けているようである。だが、続いて行なわれた検察官による冒頭陳述の際には、終始、手話通訳者のほうを向いていた。やはり、話が長くなると、読唇術は通じないのか。それとも、口早に話す検察官の言葉には、付いていけないのか。いずれにせよ、口話によってのコミュニケーションは、聴者と同レベルでは無理なのであろう。

起訴状の内容は、事件の発生日時と場所、殺害時の状況、死体遺棄の方法など、事実関係を羅列したのみで、非常にシンプルなものだった。

この起訴状に対する罪状認否で、細江被告は、「まてぃがいありません」とひときわ大きな声で答えた。次に裁判官は、弁護人にも、認否を確認した。口髭《くちひげ》をたくわえた、いかにも老練そうな弁護士が、即座に立ち上がり発言する。

「被告人本人が認めていますから、弁護人も間違いなく同意します。ただし、動機にはまったく触れられていなかったので、その点、公判冒頭にあたり、一言申し上げておきたいことがあります」

そう述べた後、弁護士は、事件を起こすに至った細江被告の動機面について語り始めた。

弁護士の説明によると、同窓会での出会いをきっかけに深い仲となった二人は、「デートの費用は割り勘」というルールをつくり、交際を続けていたらしい。が、ある時期からかよみさんのほうが、「全額負担」を細江被告に求めるようになった。そして細江被告は、彼女の誕生日までに一〇万円支払うことを約束させられてしまう。その期日は、事件の数日後。かよみさんは「約束を守らなければ二人の関係をあなたの家族にばらす」と迫ってくる。しかし、細江被告の収入源である月々の給与、それにろうあ者の長男分も含め親子三人に支給される障害者年金は、すべて、同居している実父に管理されていた。小遣いは、一日一〇〇〇円である。一〇万円という大金など、とても工面できない。

こうした背景が事件へとつながった。そう弁護士は主張した。

一方、検察側は、冒頭陳述において、次のように述べた。

二〇〇五年六月頃、メールの遣り取りの際、二人の間に諍《いさか》いが起きた。かよみさんのほうが、細江被告の家族にファクシミリを送ると騒ぎ立てる事態になったものの、それはすぐに終息。ところが、同年八月初旬、細江被告が送信したメールにより、再び彼女が立腹する。細江被告が、彼女の妹の写真を送るよう求めたからだった。以後、かよみさんは、「自宅にファクシミリを送る」というメールや、細江被告を罵倒《ばとう》するメールを繰り返し送るようになる。

細江被告は、ファクシミリを送信されることを強く怖《おそ》れた。もしそうなれば、女性との不倫関係が家族に発覚する。妻からは離婚を言い渡され、実父からは厳しく叱責《しっせき》され、もう家には居られなくなる。そう考えると、このような事態を招きかねないかよみさんの存在が、何とも疎《うと》ましくなってきた。そして細江被告は、彼女の殺害を決意するに至った。

検察側は、このように、痴話喧嘩《げんか》のもつれが招いた殺人事件ととらえていた。かたや弁護側は、二人の間に金銭トラブルがあったことを匂《にお》わせている。事件の真相は、どちら側にあるのか。それは、第二回以降の公判で明らかになっていく。

弟が語った加害者の生い立ち

私が細江被告の自宅を訪ねたのは、初公判から二週間後のことだった。

名古屋市千種区の今池。ここは、戦後の闇市《やみいち》時代から続く、古くからの歓楽街である。会社オフィスや大型量販店、それに飲食店や風俗店が混在するその一角に、細江被告の父親が所有する建物があった。六階建ての古びたビルだ。一階には、全国にチェーン展開する有名メガネ店が入居しているものの、二階から五階は、空き室が目立つ。最上階の六階と五階の一部が、細江一家の住居だった。父親が五階部分に一人で住み、六階に、細江夫婦とその長男長女、さらには細江被告の実弟も一緒に暮らす。親兄弟も含めて六人家族。細江被告は、こうした環境のなかで生活していたのだ。

しかし、事件発生後にビルは売りに出され、私の訪問時、すでに父親は区外へと転居していた。そして弟は、間もなく近くのアパートに移り住む予定で、残された妻子も公営住宅への入居手続きを進めているところだった。

私が通されたのは、椅子《いす》とテーブルがあるだけの、がらんとした一室。細江被告についで話を聞かせてくれたのは、四歳年下の弟・細江秀光《ひでみつ》さん（仮名）だった。兄よりひと回り小振りの体だが、顔立ちは瓜《うり》二つである。

「つい先日、このビルの買い手も決まりましたから、もうすぐ私も職を失います」

秀光さんいわく、もともとビルの経営自体、業績が芳《かんば》しくなく、ここ数年は銀行からの借り入れが嵩《かさ》む一方だったらしい。ビルを売却したのは、まずは被害者家族への賠償金を工面するためだった。残った売却益は、すべて借金の返済に充《あ》てるという。これまでビル管理を生業としてきた秀光さんは、「今後の生活の目処《めど》は、全く立っていません」と言い、肩を落とした。

こうなった直接的原因は、細江被告にある。兄に対する恨みや怒りは、並大抵ではないだろう。細江被告のことを聞けば、厳しい批判の言葉が返ってくるに違いない。そう思ったが、実際には、まったく逆だった。兄を語る時、彼の表情は、非常に柔和になる。

「いまだに、あんな事件を起こしたなんて信じられないんです。本当に優しい人間でしたからね」。秀光さんはそう言い、それから兄の生い立ちについて話し始めた。

一九五七（昭和三二）年、名古屋市中区に生まれた細江被告は、二歳の時に高熱に見舞われ、聴力を失ってしまう。同時に、言葉も発しなくなった。母親は、そんな息子に、必死の思いで、口話法を習得させようとした。口の形を撮った写真を何十枚も用意し、それを一枚一枚見せながら、何度も何度も発音練習をやらせた。毎日がその繰り返しだったらしい。

「母にしてみれば、本当に、気の遠くなるような作業だったと思いますよ。一見、スパルタ教育のようでしたが、それはきっと、兄に対する愛情だったんでしょうね。その成果もあって、兄は他のろうあ者と比べて、断然、口話がうまかった。私たち家族とは、問題なく言葉を使って話していましたし、口話ができるってことは、たぶん、就職にも有利になったんじゃないでしょうか。すべて、母のおかげです」

秀光さんは、自分の母親のことを誇らしげに語った。だが、その母親も四年前に他界。最後まで、細江被告や孫たちの行く末を心配していたそうだ。

秀光さんと細江被告は、兄弟喧嘩もほとんどなく、子供の頃から、よく一緒に遊んでいたらしい。耳の聞こえない兄ではあるが、それを特別に意識したことはなかったという。ただ、周りの大人たちに、「つんぼの弟」と言われることがあり、「その時は悔しかった」と秀光さんは振り返る。

さて、細江被告は、愛知県立千種聾《ろう》学校の小学部、中学部を経て、愛知県立名古屋聾学校高等部に入学する。三年で卒業後、さらに専攻科へと進み、一年間で修了。その後すぐ、名古屋市内の瓦《かわら》店に雇用され、三年あまり、瓦職人として働いた。そして、次に就職した自動車部品組み立て工場において、妻・洋子さん（仮名）と出会うことになる。その職場は、当時、聾学校高等部の一年生だった洋子さんの母親が経営する工場だった。

結局そこには八年ほど勤め、一九八六（昭和六一）年、結婚とともに退職している。

細江被告二九歳、洋子さん二三歳の時だった。細江被告は、愛知県豊明《とよあけ》市にある塗装会社に転職。新婚生活は、名古屋市南区の県営住宅でスタートした。結婚から一年半後に、長女が誕生する。親族は皆、子供に聴覚障害がないかどうか、気に病んでいたが、すぐに問題がないことが分かった。秀光さんが言う。

「あの時は、私たちの両親も本当に喜んでいましたよ。もちろん私もね。ところが兄夫婦は、特に喜ぶといったふうではありませんでした。そして、その三年後に生まれた長男は、残念ながら、先天的な聴覚障害者でした。兄夫婦は、その時も私たちとは逆で、特に落胆した様子は見られませんでした」

こうして、二児を儲《もう》けた細江夫婦は、長女が小学校に入学する直前に、当時、細江被告の両親が住んでいたマンションに引っ越すこととなり、職場も名古屋市内へと移った。マンションは、父親が所有する物件だが、両親が暮らす部屋とは別フロアーだった。細江被告の母親は以後、孫娘の教育に没頭するようになる。

「近くに住むと、兄夫婦のだらしない生活ぶりが目に付いてきたんですね。母は兄夫婦、特に兄嫁には、孫の教育を任せておけなかったんです。お金にルーズで、子供や兄に、ちゃんとしたものも食べさせていなかったみたいです」

秀光さんによると、細江夫婦はマンションに入居の際、父親との間に家賃を払う契約を交わしていたが、実際には、ほとんど支払われることはなかったらしい。光熱費なども滞納しており、結局、それもすべて父親が払っていたという。

「兄と兄嫁の給料を合わせれば、三〇万円から三五万円くらいになっていたと思うんですが、ぜんぶ兄嫁に管理されていて、兄は一ヶ月一万円の小遣いしか貰《もら》っていなかったようです。兄嫁も働いてはいたんですが、毎日のようにパチンコ店通い。それでも兄は、文句ひとつ言わなかった。完全に尻《しり》に敷かれていたんですね。不甲斐《ふがい》ない兄です。でも、私たちが本当に心配していたのは、兄夫婦のほうじゃなくて、子供たちの将来のことです。ところが、兄も兄嫁もそのへんのところは、まったく頓着《とんじゃく》していなかった。いや、もっと言うと、生活のすべてが場当たり的でしたね」

秀光さんは、「耳の聞こえない人たちが、すべてそうだとは思いませんが」と前置きしたうえで、「兄夫婦やその息子を見ていると、どうしても、知的レベルの低さと常識のなさを感じてしまう」と言う。

給料の前借りと無断欠勤

四年前に母親が亡《な》くなって以降、細江夫婦の生活ぶりは、ますます放恣《ほうし》に流れていったようだ。息子を伴ってのゲームセンター通いも、この頃から始まっている。父親は、自分たち夫婦が住んでいたマンションの部屋を引き払い、今池のビルに居を移していた。

秀光さんは大学卒業後、コンピューター関連会社に勤めていたが、やはり四年前、母親の死をきっかけに会社を辞め、父親とともに暮らすようになった。父親は、一〇年前に冠動脈バイパス手術を受けており、心臓には人工弁が入っている。いつ発作が起きるか分からない状態らしい。秀光さんは、そんな父親を生活と仕事の両面から支えた。

しかし、ビル経営のほうは思わしくなく、資金繰りのため、細江被告が住んでいるマンションも売却対象になった。こうした経緯で、家族六人が一緒に暮らすということになったわけだ。そして、二〇〇五年四月から同居生活は始まった。

同居することになって、初めて分かったのだそうだが、細江被告の家族には、夫婦の給料以外に、ひと月あたり一七万円ほどの障害者年金がおりていた。にも拘《かか》わらず、貯金はまったくしていない。それどころか、サラリーマン金融に三〇〇万円近い借金があったことも判明した。

秀光さんと父親は、かなり強い口調で、細江被告を面罵した。それに対して、細江被告は、手をついて謝るばかりだった。「いつも、そうなんです」と秀光さんは言う。他人に反発することなど、これまで一度としてなかったらしい。きっと、妻である洋子さんに対しても、同じだったのだろう。

結局、長女の提案もあり、同居を始めた翌月から、細江夫婦の収入のすべてを、父親が管理することとなる。この頃、すでに細江被告は、海野かよみさんと不倫の関係になっていたのだ。

私は話頭を転じて、事件前後の細江被告の様子について聞いてみた。秀光さんは、首を傾《かし》げながら答える。

「いやー、不倫もそうですが、人を殺していたなんてことも、まったく気が付きませんでした。息子を連れてゲームセンターに入り浸りでしたからね、『何を考えているんだ』って父に怒られることが多くて、いつも兄はしょんぼりしていました。ですから、あんまり感情の変化は見られなかったんです」

それに、「兄が仕事を休むことなど、滅多になかった」とも言う。

細江被告が七年前から働いていた職場。そこは、名古屋市中川区の古い町並みのなかにある小さな町工場だった。従業員は三、四名程度で、ともに六〇歳くらいの経営者夫婦が率先して働いている。

夫婦は、仕事の手を休め、快く話に応じてくれた。まずは、社長が口を開く。

「細江は、職安からの紹介できたんです。実は妻の父親が昔、聾学校の先生をやっていましてね、そんな関係で、そこからたくさん雇っていました。延べにして二〇人以上はいたんじゃないでしょうか。そうやって一度受け入れると、職安が何度もろうあ者を紹介してくるんですよ。細江は、そういうろうあ者のなかでも一番優秀でした。来てすぐに採用しました。片言の言葉は話せるし、手話を使うこともなかったからね」

捌《さば》けた話し振りの社長は、細江被告の勤務状況についても語ってくれた。

「細江に関しては、指示を細かく与えなくてもよかった。それに、覚えることも早かったですね。彼には、学校の会議室にあるような折りたたみ式テーブルの脚の部分を作ってもらっていました。鉄を切断機で切って、プレス加工して溶接する。細江は、注文書と図面を渡せばそれで済んだから、助かりましたよ」

しかし、プラス評価ばかりではなかった。ここのところ、毎月のように給料の前借りがあったというのだ。「ちょっと調べてみましょうか」と妻のほうが言い、帳簿を持ってきてくれた。前年の一一月、一二月には、まったくなかったが、この年の一月以降、毎月必ず、前借りをするようになっていた。非常に分かりやすい。かよみさんと不倫の関係になってからだ。毎月、平均して四、五万円ほど前借りしていた。

「事件前に、もう少し、いろいろと聞いとけばよかったな。まあ、いずれにせよ、人を殺すような人間には見えなかったんですが」

社長が、嘆息を漏らしながら呟《つぶや》いた。そこで、給料の前借り以外に、細江被告に変わった様子は見られなかったかを訊《たず》ねてみた。

「これまでも、月に一度くらいは平日に休むことがありましたね。朝、ファックスが届いて、今日は用事があるので休みますって感じで。事件の前後は、それが続いたかな。しかも、無断欠勤が増えてきました。九月八日に逮捕された後、警察に聞いたんですけど、無断欠勤していた日も、家からは毎日、普段と同じ時間に出て、夜も同じ時間に帰っていたそうです」

最後に、社長の妻が、さも残念そうな表情を浮かべ、しみじみと語った。

「いつも穏やかで、怒ったところなんて見たことないですからね。きっと、心の中に悪魔が入り込んで、彼を変えちゃったんですよ。でも、変わっていく彼を、誰も止める人がいなかったのかって思うと、つくづく悔しいですね」

社長の妻が言うように、殺人へと向かう細江被告の考えを止める人間は、本当に誰もいなかったのだろうか。

元妻との会話

今池のビルを訪ねた一ヶ月後、今度は、細江被告の妻・洋子さんと会った。いや、この時点で、すでに離婚が成立しており、正確には「元妻」ということになる。

待ち合わせ場所は、洋子さんが入居した公営住宅から程近い、ファミリーレストラン。そこには、洋子さんだけでなく、細江被告の友人だという篠田《しのだ》良造さん（仮名）の姿もあった。篠田さんは、細江被告と名古屋聾学校高等部時代の同級生で、卒業後も、家族ぐるみの付き合いを続けているという。聾学校高等部の同級生となると、当然、かよみさんも知っていることになる。

二人とのコミュニケーションは、筆談を用いた。まず私が、自己紹介の文章を書く。すると、篠田さんが満面の笑みを浮かべ、握手を求めてきた。そして、右手の親指と人差し指を二回つけたり離したりする。「同じ」という意味の手話だ。

篠田さんは、受刑生活を送った経験があったのだ。詐欺罪《さぎざい》により、約一年間、北陸地方の刑務所に服役していたそうだ。私も仲間意識が芽生え、何となく嬉《うれ》しくなる。

結局、そんな遣《や》り取りだけで二〇分ほど費やしてしまった。

二人との筆談は、刑務所の中で出会ったろうあ者と同様、なかなか捗《はか》が行かない。質問と答えとの間に齟齬《そご》が多く、隔靴掻痒《かっかそうよう》たる思いがする。聞いてみると、二人とも、日常生活における付き合いは、もっぱらろうあ者に限定されており、筆談することなど、まずないという。たぶん、こうして筆談による遣り取りをするなか、二人は、私以上に歯痒《はがゆ》い思いをしているのだろう。ましてや、細江被告の話となると、さらに重苦しさも加わるはずだ。本当に、申し訳なくなってくる。

洋子さんの話によれば、この年の四月、引っ越しの最中に、細江被告とかよみさんが腕を組んでいる写真を発見し、細江被告を厳しく問い詰めたという。過去にも、浮気が発覚したことがあったからだ。しかし、そう言う洋子さんは、怒っているふうでもなく、あっけらかんとしていた。夫の不倫くらい別に痛くも痒くもない、といった様子だ。

そして、八月一五日の事件後についてだが、洋子さんには、これといった変化はまったく感じられなかったらしい。ただし、細江被告との間には、夫婦の会話はほとんどなく、何を考えているのか分からないところが、多分にあったという。

実は、洋子さんの話のなかで、唖然《あぜん》とさせられることがひとつあった。それは、証拠として警察に押収《おうしゅう》されていた車がもうすぐ戻ってくると述べた場面だ。

——やっと　車　乗れる。

そう書くと、洋子さんは、嬉々《きき》とした表情でハンドルを握るポーズをとった。車内で人ひとりが殺された車である。が、そんなことは一向に介意していないようだ。細江被告の弟・秀光さんが漏らした「常識のなさを感じてしまう」という言葉が、思い出された。

次に篠田さんの話だが、前年一一月の同窓会には参加しなかったが、細江被告とかよみさんがメールの交換をしていたことは、この年の二月頃から知っていたという。細江被告本人に聞いたそうで、その時は、いつものことだと思ったらしい。篠田さんの知る限り、細江被告は、これまで最低三回は不倫をはたらいていたというのだ。だが、そんな話をする時も、篠田さんは笑顔を絶やさない。

どうもそのあたりで私は、違和感を覚え始めていた。話の内容と場の雰囲気が、あまりにもそぐわないのだ。二人は、不倫や浮気といった話も、実に明け透けに語ってくれた。想像していた重苦しさは、微塵《みじん》も感じないのである。

そして最後に、篠田さんの話は、かよみさんに及んだ。

聾学校高等部時代のかよみさんと細江被告の間には、ほとんど接点はなかったという。むしろ篠田さんのほうが、付き合いはあったようで、かよみさんの三歳年下の妹のこともよく知っていた。聾学校高等部専攻科に在籍時、妹は高等部の一年生だったからだ。それに、一〇年前に開かれた同窓会には、姉妹で参加しており、その時、篠田さんは二人と親しく話している。姉妹とも、非常に愛想がよくて社交的だったそうだ。ブランド品で身を固めたかよみさんは、「セクシー」だったという。ちなみに、その同窓会には、細江被告は欠席していたようだ。篠田さんが評するには、姉は「美人」で、妹は「かわいい」という。また、かよみさんの性格については、「おてんば」と書いた。

その言葉を目にした私は、思わず、かよみさんの自宅周辺に住む人たちの声と照らし合わせていた。

実はこの前日、かよみさんの夫に話を聞くべく、浜松市の海野さん宅を訪ねていたのだ。その折、近隣住民にもかよみさんへの印象を聞くことができた。同じ棟に住む年配の女性が言う。

「この市営団地ができた一七年前から、うちも海野さんちもずっと住んでるんだけど、まったく付き合いはなかったし、印象もあんまりないね」

また、隣の棟に住む年嵩《としかさ》の女性は、「地味な服装で、いつも下ばっかり向いて歩いていたね。本当に、大人しい人だったよ」と振り返る。

「おてんば」と「大人しい」、「愛想がよくて社交的」と「付き合いはないし、印象もない」、「ブランド品」と「地味な服装」。こうして対比してみると、とても同じ人物への評価とは思えない。ろうあ者のなかでのかよみさんと、聴者社会でのかよみさんは、まったく別人のようである。ろうあ者にとって、素のままの自分を出せるのは、デフ・コミュニティのなかだけなのであろうか。社会のなかでは萎縮《いしゅく》し、仮面を被《かぶ》って生きている彼ら彼女ら。そんな姿が見えてきた。

手話で楽しそうに会話している、目の前の二人。洋子さんも篠田さんも、やはり同じなのか。そう思うと、無性に切なくなってきた。

携帯メール一万回以上

今回の事件のなかで、特に驚かされたのは、細江被告とかよみさんが交わしていたメールの送受信回数だった。

初公判において、検察側が証拠として示した携帯電話の通話明細書。その記録によると、五月一日から事件当日までの三ヶ月半の間、かよみさんは細江被告に対して、計五四一六回のメールを送信している。同じく細江被告のほうは、計七三一二回のメールを被害者に送っていた。一日平均にすると、かよみさんからは約五一回、細江被告からは約六十八回のメールが送信されたことになる。

凄《すさ》まじい送信回数だ。尋常な数字とは思えない。特に細江被告の場合、ウィークデーは職場に通っていたはずである。まともに仕事をこなせていたのだろうか。また当然、自宅においてもメールの送受信があっただろうが、家族の誰一人として不審に思うことはなかったのか。

先述した、細江被告を雇用していた社長は言う。

「そういえば、前は仕事中にメールすることはなかったけど、最近は手を休めてメールを頻繁に打っていましたね。勤務中は禁止だって注意するんだけど、すぐまた打ってる。ひどかったのは、七月かな。ほかの工員もよく言ってましたから。あとは、いつくらいからなのか、昼になると、一人で漫画喫茶に行って過ごすようになったんです。それまでは、みんなと一緒に食堂に行ってたんですけど。いま思うと女の子と付き合いだしてからかな、一人になるようになったのは」

一方、細江被告の弟・秀光さんは、次のように語る。

「家にいるときの兄は、携帯のメールを打ちっぱなしだったんで、同居し始めた頃は、かなり気にはなっていたんです。でも、兄嫁も同じようなものでしたから、耳の聞こえない人はみんなそうなんだろうなって、納得していました」

なるほど、洋子さんや篠田さんに聞いてみると、彼らも一日五〇回くらいは、メールの遣り取りをするという。

携帯メールが世に出てから、ろうあ者の世界は一変したようだ。これまで困難だった屋外での待ち合わせが可能になった。それに、ファクシミリと違い、個人のプライバシーも守られる。したがって、行動範囲も交際範囲も格段に広がったという。ろうあ者にとって携帯メールの出現とは、一般社会の変化よりも大きく、彼らの生活様式を根底から変えるエポックメーキングな出来事だったのだ。

ところで、裁判では、加害者と被害者、そのどちらが先に携帯電話のメールアドレスを聞きだしたのかが、大きな争点となっていた。検察側は「被告人から」と言い、弁護側は「被害者から」と言い、どちらもその主張を譲らない。検察側は、同窓会出席者の証言まで持ち出し、先にモーションをかけたのは細江被告であることを、何としても立証しようとしている。しかし、それが本当に意味のあることだろうか。確かに、異性にメールアドレスを聞くという行為は、一般的には「下心あり」と理解されることが多い。だが、ろうあ者の場合は違う。ろうあ者にとって、いまや会話の必須《ひっす》アイテムとなった携帯電話である。メールアドレスを聞くこと自体、時候の挨拶《あいさつ》を交わすくらいの感覚だという。したがって、細江被告自身も、どちらが先にメールアドレスを聞いたかなど、記憶のなかにほとんど残っていないのではないかと思う。

しかし、一般には、そのろうあ者の常識がなかなか理解されない。

公判のなかで、二人のメールのいくつかが紹介されている。

――君はストーカー男だ。訴えてやる。馬鹿《ばか》野郎。

――本当にゲームセンターいるの。あやしい。このうそつき。証拠写真おくれ。

――年金あるだろ、一〇万円払え。

細江被告のもとに、怒濤《どとう》のごとく押し寄せてくるかよみさんからの脅迫メール。いずれも鬼気迫る内容だった。細江被告は、「もうすぐ、お金できる」、「〇月〇日、払う」といったメールを送りながら、いっ時いっ時を凌《しの》いできた。

裁判では、これらのメールの解釈が問題となっていた。

弁護士は、脅迫だったとする。二人の関係では、かよみさんのほうが細江被告に執着していたという。細江被告は彼女のことをセックスパートナーとしか考えていなかったが、彼女のほうは心身ともに凭《もた》れかかっていた。そんななか、細江被告から妹の写真を送るようにとのメールが届く。細江被告にとって妹は、聾《ろう》学校時代の後輩。その成長した姿を見てみたいという程度の軽い気持ちだった。ところが、彼女は、猛烈な嫉妬心《しっとしん》に駆られ、破壊的なメールを出すようになったという。

また、かよみさんは、ブランド品に目がなく、洋服、バッグ、靴、化粧品など、高価な商品を買い集めた結果、ローン残高が八〇万円ほどに達していた。金銭的に窮していたのだ。このようなことからも、かよみさんは、何としても細江被告に一〇万円を支払わせようとしていた。そう弁護士は見る。

検察側の解釈は違う。

そもそもかよみさんには、本気で金銭を受け取る意思などなく、メールでの罵倒《ばとう》や金銭の要求は、あくまでも恋の駆け引きに過ぎなかったというのだ。「妹の写真を送れ」と言われたこともあり、「少し懲《こ》らしめてやろう」という程度の考えから生まれた、恋愛上のテクニックだった、というわけだ。

弁護士と検察官、どちら側の主張も、ある程度の真実を含んでいるように思える。

かよみさんの夫・孝彦《たかひこ》さん（仮名）は、こう言う。

「かよみ　お金要求する女　違う」

孝彦さんは、この年の初め頃から、かよみさんのメール使用が増えていることを意識していたらしい。それを彼女に聞き質《ただ》したところ、「女性のメール友達できた」と嬉しそうな表情で答えたそうだ。その後も彼女は、孝彦さんの前でメールを打っていたが、いつも頗《すこぶ》る楽しそうだったという。「メールでいっぱい話できて　今すごく楽しい」とも言っていたようだ。

夫の前で不倫メールを嬉々として送る姿は理解しづらいが、孝彦さんはこうした彼女の素振りからしても、金銭の要求など、メール上の戯《たわむ》れに過ぎないというのだ。

そこで、ふと気付いた。六月に諍《いさか》いが起きて以降も、かよみさんと細江被告は密会を繰り返しているが、直接会っている時は、言い争いにはなっていない。さらに事件の三週間前のこと、細江被告の誕生日には、二人仲良く高級レストランで食事をしている。そうした事実を踏まえれば、彼女が送っていたメールには、脅迫性を感じなくなってしまう。

結局私は、メールの内容に振り回されていただけだったのではないか。さらにいえば、事件自体がそれほど複雑なものではなく、別の視点から見なければならないのではないか。そんな思いに駆られてきた。

いずれにせよ、メールの内容と実際の付き合いは随分と違っていたのかもしれない。

頓珍漢《とんちんかん》なやりとり

裁判は六回を数えた。毎回気になるのは、手話通訳者が行なう手話が、ろうあ者である被告に正確に伝わっているのかどうかだった。まともに意思の疎通《そつう》ができているのかどうか、非常に疑わしいのだ。それは、かつて刑務所内のろうあ者からも聞かされたことだった。いや、裁判だけでなく、取調べ段階においてもだ。

弁護士と細江被告との間に、こんな遣《や》り取りがあった。

「被害者とは三〇回くらい会った。警察の取調べにおいて、そう被告人が述べたと記録にありますが、本当ですか」

「違う　八回」

「では、三〇回というのは、どういう数字ですか」

「セックスの回数」

これは、警察における手話通訳者の誤訳を露呈したものだが、裁判中も、手話通訳者が裁判官に対して、「間違って伝わったかもしれません」とか、「うまく通じているかどうか、自信がありません」という言葉をしきりに口にした。その結果、質問と答えとが擦れ違う場面が、随所に見られる。

問題はそれだけではない。手話通訳の拙《つたな》さだけではなく、細江被告の語彙《ごい》の貧困さや理解力の乏しさが、それに輪をかけているようにも思われた。細江被告には、抽象的な言葉の概念がまったく理解できていないのだ。

たとえば、「かよみさんは、どうして不倫を承諾したと思うか」との質問には「嬉《うれ》しいから」と答え、「どうして山中に死体を遺棄しようと考えたのか」という問いには「車が妻のだから」と応じる。「恋の駆け引き」や「精神的に追い詰められる」という言葉に至っては、意味すら分からず、ただ首を捻《ひね》るばかりだ。

刑務所の中のろうあ者も、そうだった。抽象的な話は、一向に伝わらなかったのだ。結果、意思の疎通には、かなりの困難を要した。細江被告の元妻・洋子さんや篠田さんとの筆談のなかでも、同様の思いがした。

彼らの精神世界は、われわれとは異なるのではないか。言語世界の有りようが違うと、感受性や倫理観さえも違ってくるのではないか。そう感じることが度々だった。

裁判での細江被告も、かよみさんとの情事の様子について、「最高　気持ちいい」などと臆面《おくめん》もなく述べている。

細江被告の雇用主が語った言葉が思い出される。

「事件を起こすまで、彼なりにいろいろと考えて悩んだんだろうけど。ろうあ者以外の人には、それを言葉としてきちんと伝えられない。だから、考えがとんでもない方向にいってしまう」

なるほどと思う。事件は、こうした彼ら独自の精神世界を抜きにしては考えられないのかもしれない。思考を深め、さらに発展させていくためには、どうしても言葉の力が必要になってくる。私たちは普段、考えを言葉にしてまとめることによって、論理的道筋をつくりだしているのだ。もちろん、文章読解力に優れているろうあ者もおり、そうした人たちは、聴者と同様、言葉によって物事を思考するらしい。だが、ほとんどのろうあ者は、手話で考え、手話で夢を見るそうだ。当然、言葉で考える場合と比べ、その思考方法は違ってくるはずだ。行動規範や倫理意識に、ずれが生じてくることもあろう。

前述したように、刑法四〇条は一九九五年に法律から削除された。この結果に納得していた私ではあるが、今回の裁判を通じ、彼らろうあ者を聴者の常識で裁いていくことの難しさや危うさを感じないわけにはいかなかった。

二〇〇六年五月三一日、細江被告に懲役一四年の実刑判決が下された。

結局のところ、裁判の場において、細江被告の内面が表に現れることはなかった。「もうひわけない」という言葉は口にするものの、反省の気持ちは伝わってこない。彼は、私たちの心が認識するようには、事件を、殺人を、そして被害者のことを感知していないのではないか。そんなふうにすら思えてしまう。

しかし、そうであっても、決して私たちから遠いところに存在しているわけではない。細江被告の弟・秀光さんは、三度目に会った時、思い出したように語ってくれた。

「確か、事件を起こした八月一五日以降だったと思うんですが、風呂場《ふろば》にいた兄が、絶叫して私のことを呼ぶんです。急いで私が駆けつけると、兄は震えていました。髪を洗っていたら、誰かに体を触られたって言うんです。よく見たら、シャンプーケースが下に転がっていましたからね、きっと、洗っている間に何かの拍子で、兄の体に落ちてきたんでしょう。でも、そう言っても、兄の震えは止まりませんでした。すぐに兄は、風呂場を飛び出して、仏壇の前に行って、拝みだしたんです。普段、仏壇に手を合わせたことなんてないんですよ。不思議だなーって思いました」

殺人という行為を犯した自分に戦慄《おのの》く細江被告。思考や精神世界は違っていても、死に対する恐れは抱いていたのだ。彼もまた、私たちと同じように、感情を有する人間だった。彼の内面を解き明かすには、たぶんここから始めるべきなのであろう。
ようやく、理解の端緒が見つかったような気がする。

第七章

ろうあ者暴力団——「仲間」を狙《ねら》いうちする障害者たち

公判停止になった裁判

二〇〇六年の二月一三日、一人のろうあ者の男性が、山口県内の病院において息を引き取った。

五八歳で亡《な》くなったその男性は、刑事被告人だった。だが被告人ではあるものの、裁判は一〇年以上前から停止になっている。「強姦《ごうかん》未遂罪」により逮捕され、「刑事責任能力あり」として起訴されたのだが、その後の裁判が全く機能しなかったのだ。検察による冒頭陳述すら行なわれていない。

男性は、字の読み書きができないばかりか、手話を使うこともできなかったのである。したがって、手話通訳者を介しても、一切、意思の疎《そ》通《つう》ができない状態だった。これでは、検察官や弁護人が言っていることを理解しているのかどうかの確認さえも取れない。警察の取調べ段階では男性が犯行を認めたとされているが、一体どのようにして自供したのだろうか。その点、大いに疑問である。

結局、山口地方裁判所は、「被告人には訴訟能力が欠けている」と判断し、一九九五年の一〇月、公判の停止を決定した。ただし裁判官は、「今後、言語能力が備わる可能性もあり、その推移を観察していくことが必要」ともしており、公訴が取り消されたわけではない。

しかし、それから一〇年間、男性に言語能力が身に付くことはなかった。刑事被告人の立場である男性には福祉の受け皿はなく、言葉を学ぶ場など全く用意されていなかったのだ。

同じような例が、ほかにもある。

一九九七年七月、岡山地方裁判所が、「窃盗罪」に問われていたろうあ者の裁判において、公判停止を決定する。当時六二歳のこの男性は、やはり、字の読み書きも手話もできなかった。

男性は、小学校にもほとんど通っておらず、成人前から浮浪者のような生活を送っていたらしい。そんななか、ある鉄工所に侵入し六〇〇円を盗んだとして、逮捕・起訴される。そして、裁判が始まった。

法廷での検察官と手話通訳者との遣《や》り取りは、こうである。

「まず、通訳者に伺います。被告人に、黙秘権という言葉は通じますか」

「いいえ、通じません」

「それでは、『話しても話さなくてもいい』ということぐらいは通じませんか」

「『ぐらい』どころではなく、手話が全く通じないのです」

これでは、裁判にならない。岡山地方検察庁は、公判停止から二年後の一九九九年九月、公訴そのものを取り下げるに至った。晴れて被告人ではなくなったこの男性だが、公訴取り下げから三ヶ月後、一人寂しくその一生を終えた。

この二人のろうあ者に共通するのは、生まれながらの聴覚障害を抱えていながら、それぞれ教育にも福祉にも全くつながっていなかったという点である。福祉のネットから漏れてしまっていたのである。二人の場合、福祉的支援が行き届いてさえいれば、被告人になるようなこともなかったのではないかと思う。結び付きが強固だといわれるろうあ者社会のなかにあって、彼らはそのネットワークから完全にこぼれ落ちていたのだ。

だが一方で、ろうあ者間のネットワークに目をつけて、それを犯罪に結びつけているケースも増えてきている。

ろうあ者だけの「組」

「主文、被告人を懲役一一年に処する」

二〇〇五年五月二六日、大阪地方裁判所において、ある被告人への判決が言い渡された。

被告人の男は、二七歳という若さであるが、一年前「恐喝罪」で逮捕されるまでは、大阪市の東淀川《ひがしよどがわ》区内に、構成員三〇名ほどの暴力団組織を構えていた。「組」は、ある指定暴力団の傘下《さんか》に属しており、男はその組長だったのである。

「組の資金を得る目的で、聴覚障害者を狙《ねら》えば犯行が発覚しないと考えて敢行された、極めて卑劣な事件である」

この裁判官の言葉にも全く悪怯《わるび》れることなく、どこか「上の空」といった様子の被告人。彼は、「恐喝罪」だけではなく、「監禁致傷」及び「銃刀法違反」の罪にも問われていた。

男が最初に逮捕されたのは、二〇〇四年三月のこと。大阪市内のろうあ者の男性を脅迫し、現金四〇〇万円を奪い取った事件だった。そして、その逮捕勾留《こうりゆう》中に、次から次へと余罪が明らかになってくる。

まず二〇〇〇年三月、男は配下の組員と共謀し、神戸市内において、ろうあ者の女性に因縁を付け、現金約一三六万円を脅し取っていた。

「障害者年金を担保に金を借りて、一五〇万円払え。払わないと殺すぞ」

そう脅迫していたらしい。

次に二〇〇二年から二〇〇三年にかけての事件である。この間、男は、「交際している相手を殺す」というような内容の携帯メールを、幾人ものろうあ者に送り付けており、その結果、三人の女性から計三四〇万円を奪い取っている。

さらに二〇〇三年の六月、男と五人の組員が、京都市内の路上でろうあ者の男性を拉致《らち》し、組事務所に約六時間監禁。灰皿で殴るなどの暴行を加え、全治二週間のけがを負わせていた。そして、大阪府警がこれらの事件を捜査するなか、組事務所などから多数の拳銃《けんじゅう》と実弾が発見される。こうした武器が、ろうあ者を脅迫する際にも使用されていたという。

このように、立件された事件のみを並べただけでも、男たちの没義道《もぎどう》ぶりがよく分かる。組織の資金を得るため、彼らがそのターゲットとしたのは、すべてろうあ者だった。おそらく、これだけの非人道的な事件は、ヤクザの世界でも前代未聞《ぜんだいみもん》であろうが、しかしである。この事件をマスコミが報道することは、ほとんどなかった。また、ろうあ者団体による抗議の声明も出されていない。その理由は、明らかである。実は男もまた、生まれながらのろうあ者だったのである。それだけではない。男が率いる暴力団組織の構成員は、全員がろうあ者だったのだ。

ろうあ者だけの暴力団――。この事実を知った時、多くの人たちは、驚愕《きょうがく》するのではないかと思う。私も、刑務所に入っていなければ、そうだったろう。だが、すでに私は、服役中、この話を耳にしていた。

「大阪にろうあ者だけの『組』がある　でもそれだけでない　ろうあ者のヤクザ　ほかにも結構いる」

そう教えてくれたのは、ろうあ者である受刑者仲間。彼は、自分のことも「暴力団の準構成員」と名乗っていた。さらに彼の説明によると、「加害者と被害者　どちらもろうあ者になる事件　多い」という。

確かに、彼の言う通りだった。ここ数年、ろうあ者がろうあ者に対して行なった「恐喝事件」や「詐欺《さぎ》事件」が頻発している。

手話で脅迫

二〇〇二年の七月一八日、二人のろうあ者の男が、熊本県警に逮捕された。一人は五五歳、もう一人が三一歳。いずれも住所不定・無職である。二人が逮捕されたのは、二件の「詐欺事件」によるものだった。

まず一件目。それは、四〇歳代のろうあ者の女性に、「出資すれば、株で儲《もう》かる」などと架空の話を持ち掛け、女性から現金一七〇〇万円を受け取っていたという事件である。

二件目の詐欺は、一人暮らしの老女を狙った犯行だった。「中国で治療を受ければ病気が治る」七〇歳代のろうあ者の女性に、そんな嘘《うそ》をつき、約一二〇〇万円を騙《だま》し取っていたのだ。

この二人の犯罪者は、「ろうあ者の集い」などに積極的に参加し、そうしたなかで騙す相手を選んでいたという。

「ろうあ者同士は、信頼されやすいから」

五五歳の男は、逮捕後、こう供述している。

なお、のちに警察の調べで分かったのだが、三一歳の男は脅迫されて犯行に加わっただけで、騙し取った金銭のほとんどは五五歳の男に渡っていた。

二〇〇三年四月二四日、警視庁立川署が、二二歳の男ら四人を「恐喝容疑」で逮捕した。四人はいずれもろうあ者で、別のろうあ者の両親を脅迫し、金銭をせしめていたのだ。

四人は、友人のろうあ者とレンタカーを借りてドライブ中、友人が三度の接触事故を起こしたことを思い出し、その親から金銭を騙し取ろうと画策する。早速、友人の実家を訪ねた四人は、年老いた両親を相手に、手話で脅迫した。

「事故の賠償金として自分たちが五一五万円を立て替えて支払った。当然その金は親が払うべきだろう。いますぐ払え。払うまで帰らない」

男たちは、半日以上にわたって被害者宅に居座り続け、結局、四九八万円を騙し取っている。もちろん、立て替え払いという事実はなく、損害賠償については、レンタカー会社が契約する保険会社がすでに支払っていた。

二〇〇三年の一二月、兵庫県の三木市において、事件が起きた。市内に住む五〇歳のろうあ者男性が、二人組のろうあ者に現金六〇〇万円を奪い取られたのだ。

一二月一八日の午前八時頃、六〇歳と三六歳の二人の男が、歩道を歩いていた被害者男性を羽交い締めにして、無理やり車へと押し込んだ。

「金を払わなければ　知り合いのヤクザがお前を刺し殺しに来る」

「金を出すまで　お前を車から出さない」

車のなかで、手話による執拗《しつよう》な脅迫が続く。そして二時間後、男性は、金融機関で六〇〇万円を引き出し、二人の男にそれを手渡すことになる。

事件からちょうど一ヶ月後、二〇〇四年一月一八日に犯人は逮捕された。三六歳のろうあ者は、警察の取調べに対して、次のように供述している。「生活費に困ったので　ろうあ者団体の名簿から金を持っていそうな人を探し出して　犯行を計画した」と。

二〇〇六年一月一五日、香川県警さぬき署は、五九歳のろうあ者の女と六五歳のろうあ者の男、それに男の娘の四〇歳の女を「恐喝容疑」で逮捕した。

事件はまず、前年の八月二二日、三人が健康食品の訪問販売と称して、さぬき市内のろうあ者夫婦宅を訪ねたことに始まる。三人が被害者夫婦の存在を知ったのは、その七ヶ月前、高知県内で行なわれた、ろうあ者のゲートボール大会に参加したことがきっかけだった。

三人は被害者宅の玄関先で、応対に出た七七歳の女性に、こう要求する。

「健康食品　買わなくてもいいから　三〇万円貸して」

しかし女性は、これを頑として拒否。すると三人は、刃物を取り出し、手話を使って女性を脅し始めた。

「金　渡さないと刺す。早く金だせ」

この脅迫に屈した被害者は、言われるがまま、現金三〇万円を三人に差し出してしまったのである。

三人の犯行は、これに留まらなかった。

一件目の事件から一週間後、三人は再び老夫婦宅に遣ってくる。今度は七八歳の夫も在宅中だったが、男のろうあ者が外へと連れ出し、またも被害者女性を一人っきりの状態にした。

「もっと金欲しい。まだ金　たくさんあるだろう」

二人の女の脅迫は、手話だけでなく、今回は暴力もともなった。年老いた被害者を突き倒し、体を何度も踏み付ける。

「金　預けている銀行に連れて行け」

老女は、言葉にならない悲鳴を上げながら、「分かった」と手話で伝えた。すぐに女たちは、観念した被害者を車に乗せ、夫婦の預金口座がある農協の窓口へと向かう。そこで、なけなしの預金が引き出され、約三〇〇万円という現金が三人の手に渡ったのである。

そして、二〇〇六年五月一五日。三人の逮捕からちょうど五ヶ月が経過したこの日、高松地方裁判所において、被告人となった二人のろうあ者に対する判決公判が行なわれた。

結局、女には「懲役二年三ヶ月」の実刑判決が、男には「懲役一年八ヶ月」の実刑判決が、それぞれ下されることとなった。裁判官は、その判決理由を次のように述べている。

「昨今、聴覚障害者を狙った同種事件が相当数発生しており、予防の観点からも厳しい処分が必要だと考えられる」

以上、ここ数年の間に起きた事件のなかでも、被害額が多かったものをいくつか紹介してみた。当然、高松地裁の裁判官が言うように、ほかにも同種の事件が「相当数」起きており、塀の中に入るろうあ者は増え続けている。

しかし、受刑者全体の数が毎年毎年、鰻上《うなぎのぼ》りに増えている我が国の現状を考えれば、それも当たり前の話かもしれない。健常者と同じように、ろうあ者のなかにも問題行動を起こす者はいるだろうし、何も障害者だからといって、健常者以上に品行方正な人間であることを求められる理屈もなかろう。

だが一方で、「デフ・コミュニティ」の中で完結する彼らの犯罪については、どうしても、その「特異性」を意識してしまう。さらには、事件を敷衍《ふえん》して見ると、デフ・コミュニティそのものに対する「特殊性」を感じないわけにはいかない。

九歳の壁

ろうあ者が被告人となっている裁判を傍聴したり、関係者から話を聞いたりするなかで、私は強い既視感を覚えていた。それは何なのか。要は、知的障害者が被告となっている裁判と非常に似通っているということだ。ろうあ者の知的レベルを疑うわけではないが、彼らは、裁判を受けるうえでも、社会生活を送るうえでも、大きなハンディキャップを有していると思わざるを得ない。

しかし、そのハンディをつくりだしているのは、実は聴者社会ではないかとも感じる。私は議員在職時、何度か聾《ろう》学校を訪問していたが、ある校長が語った言葉が思い出される。

「可哀相《かわいそう》なんですが、耳の不自由な人たちには、われわれほど知識を得る力がないんです。結局、私たちの仕事は、そんな耳の聞こえない子供たちを、いかに健常者に近づけるかということなんです。本当に大変ですよ、私たちは」

このように、平気で差別的発言を口にする校長がいる聾教育。やはり、一番大きな問題を抱えているのは、この教育の現場ではないかと思う。

聴者がつくりだした聾教育のなか、ろうあ者たちは知識や常識を得る機会を、どんどん削《そ》ぎ落とされている。どういうことなのかというと、いまだ聾学校では手話を公式な言語として認めておらず、口話中心の教育がなされているのだ。

聾学校では、彼らろうあ者の言語である手話は、口話を妨げるものとして、「手まね」という蔑称《べっしょう》がある。耳の不自由な児童・生徒に無理やり声を出させ、徹底的に発音練習を強いるのだ。発音時の口や舌の形が間違っていれば、口内に指を突っ込まれたりもする。だが、声を発している本人たちには聞こえてはいない。これには、ナンセンスを通り越して、滑稽《こっけい》な感じすらしてしまう。

また、口話による会話ができるよう、いくら読唇術《どくしんじゅつ》を覚えたところで、それには限界がある。「煙草《たばこ》」と「卵」、「好き」と「愚痴」、「パパ」と「ママ」、「言いました」と「聞きました」などなど、口の形だけでは、区別できない言葉は何百、何千と存在するのだ。にも拘《かか》わらず、強制的に発声練習を続ける聾学校。算数を学ぶにしても、「1＋1」という数式の答えは「2」というよりも、きちんと「いちたすいちは　に」

と発音できるかどうかが問題となる。こうして、ほとんどの教科が、その分野の知識を高めるための授業ではなく、単なる発音練習の場と化してしまうのである。すべては、聴者の言葉に近づけるための訓練だ。

なぜ、そこまでする必要があるのか。それは、口話さえできれば聴者社会での就職が有利になるという発想が、聾学校側にあるからだ。

聾教育の現場に、「九歳の壁」という言葉がある。ろうあ者は、聾学校の高等部を卒業したとしても、所詮《しょせん》、九歳レベルの学力しか身に付かない、という意味だそうだ。それは、浜松事件の細江被告のことを想起すると頷《うなず》けなくもない。ところが、細江被告のようなろうあ者を生み出したのが、まさに現在の聾教育ではないのか。彼は、教師や母親からの猛特訓に耐えてきた。そして、聾教育のなかでの優等生となった。しかしその一方で、常識は著しく欠如してしまったのだ。

だがそもそも、常識とは一体何なのだろうか。人間というのは皆、置かれた立場によって、おのずとその常識も変わってくるはずだ。ろうあ者と聴者の常識は、当然、異なるものであるに違いない。そう考えれば、細江被告に聴者の常識を押し付けるのは、はなはだ不遜《ふそん》な行為であるようにも思う。

「音声言語を持つ人」と「手話という言語を持つ人」、それは、「日本語を話す人」と「英語を話す人」以上に立場の違いがある。こうなると、常識の違いというよりも、文化の違いがあると見たほうがいいだろう。

したがって多くの場合、ろうあ者が結婚する相手は、やはり、ろうあ者となる。実際に、ろうあ者同士が結婚する確率は、九割以上だといわれている。それが、デフ・ファミリーを形成し、デフ・コミュニティへとつながる。このコミュニティ内の結び付きは、非常に強固だ。それは、聴者社会にはない、独特の文化を共有しているからであろう。

聴者社会では、話をする時、相手を傷つけないようにとか、失礼にあたらないようにとか、種々考えながら、遠回しに表現することが好まれるが、デフ・コミュニティにおいては、それは逆に失礼にあたる。デフ・コミュニティには、敬語も敬称もない。そこは、上下関係や男女関係などへのこだわりがない社会だという。細江被告の妻・洋子さんや友人・篠田さんとの話のなかで受け取った明け透け感は、こうした文化に由来していたのであろう。細江被告とかよみさんとの間も、そうだったかもしれない。

しかし、ろうあ者人口は限られている。結局のところ、デフ・コミュニティは、非常に狭い社会なのだ。ろうあ者にとっては、「学校」「恋愛」「就職」「結婚」、それぞれにおける選択肢は極めて限定されており、聴者とは同日の談ではない。

狭い社会のなかで、濃い人間関係をつくって生きているろうあ者たち。彼らには、「犯罪」の相手ですら、ろうあ者に限定されてしまうのだろうか。

ろうあ者のオピニオンリーダー

目の前にいる女性は、いっ時も笑顔を絶やさず、私の目を見ていた。そして、両手は素早く動き続け、そのスピードが彼女の雄弁さを物語っている。

二〇〇六年の二月一〇日、私は、埼玉県所沢市にある「国立身体障害者リハビリテーションセンター学院・手話通訳学科」の教官室を訪ねていた。その目的は、ろうあ者を取り巻く現状について、詳しく話を聞くことにあった。

向き合う女性は、木村晴美《はるみ》さん。彼女は、この学院の教官であると同時に、一九九五年から、NHK「手話ニュース」のキャスターも務めている。あるろうあ者が、こう教えてくれた。

「聴者がキャスターの時は『手話ニュース』は絶対見ない。なぜなら私たちろう者には何を言ってるのかほとんど理解できないからです。だから私がニュースを見るのはろう者である木村晴美さんがキャスターをやっている時だけです」

このように、木村さん自身もろうあ者であり、日本語対応手話ではなく、ろうあ者の手話を使っている。また彼女は一九九五年に、雑誌『現代思想』誌上において、「ろう文化宣言」という論文を発表しており、いわば、ろうあ者のなかのオピニオンリーダー的存在でもあった。

木村さんと私の会話は、手話通訳者が間に入ることによって、成り立っていた。有能な手話通訳者だと思うが、木村さんの言わんとすることが一〇〇パーセントこちらに伝わっているのか、あるいは、私の発言が漏れなく木村さんに届いているのか、そのあたりは不安だった。やや複雑な話になると、会話のところどころで、齟齬《そご》が生じているような気もする。

「私の両親もろう者でしたから当然家庭のなかでは手話を使っていました。しかし聾学校では手話を使うと先生に叱《しか》られます。『ちゃんと口話を使いなさい』と」

木村さんの話は、自身の生い立ちから始まっていた。世代的に私と変わらぬ木村さんの話だけに、それは実に興味深いものだった。同じ時期、同じ国のなかで、全く違う世界が存在していたことに気付かされる。

「聾学校の先生に『手話は口話と比べて劣ったもの』という考えを植え付けられて

いました。ですから　家に帰って　両親と手話で話す時には　罪悪感すら感じていました」

少し顔を歪《ゆが》めながら、そう言う木村さん。彼女は、かなりの努力家だったようである。発音練習に終始する聾学校の授業では教わることができない学問については、自宅において、必死になって自修したのだそうだ。それでいて、学校での過酷な発音訓練にも耐え、聾学校中等部の三年時には、「川本口話賞」を受賞している。川本口話賞というのは、口話法を推進した大正時代の人物の名を冠した賞だが、完璧《かんぺき》に近い発音で口話を使うことができる中・高生のろうあ者に贈られる賞だという。

「発音がいいからといって賞をもらっても　私たちには　その自分の声は聞こえていないんです。したがって　どこが評価されているのか　当事者が分かっていない。これって　おかしな話ですよね」

そう言うと、木村さんは、複雑な笑顔を浮かべた。

彼女は聾学校の中等部卒業後は、高校・大学と普通学校に通っている。聴者のなかで、手話も使わず、口話だけで過ごしていたのだそうだ。そして、大学卒業後は、東京都内のある区役所に就職したという。

このような経歴をみると、木村さんはろうあ者のなかでも、聴者との距離が、物理的にも心情的にも非常に近かった人物ではないかと思う。聴者とのコミュニケーションも口話によって、難なくこなせていたのではなかろうか。そのへんについて、彼女はこう言う。

「一対一で話す時は　何とか相手の話が分かりますが　それ以上の人数になると　ほとんど会話についていけませんでした。学校の授業でも　先生が下を向いて話していたり　黒板に字を書きながら話していたら　全く内容が理解できません。ですから学校では毎日　かなりのエネルギーを消耗していました。疲れ果ててしまって　その結果　高校三年間で一〇〇日くらい欠席しました。それから　就職してからですが区役所の中での私は　ずっと暗い人間だったような気がします」

いかにも快活そうな彼女がそう言うのだから、ろうあ者が聴者のなかで学んだり働いたりするというのは、相当大変なことなのであろう。また木村さんは、ろうあ者が聴者と口話によって会話することの困難さを、「防音装置付きのガラスの部屋の中に入って　その外にいる外国人が話している外国語を理解しようとするようなもの」と例えてくれた。さらに、聴者が使う日本語対応手話については、「頭の中で翻訳しながら見なくてはならないので　非常に疲れる。二〇分が限度」と言う。

こうした話を聞くと、われわれ聴者はろうあ者に対して、極めて無慈悲だったことが分かる。結局は、そんな聴者社会が、彼らろうあ者を「狭い社会」へと追い込んでいたのではないか、と思えてくる。

ノーマライゼーションの理念を単純に解釈している聴者は、いや、もっと言えば、聴者社会にろうあ者たちを同化させようとする聴者は、彼らに口話や日本語対応手話という無理難題を押し付けてきた。だが、ろうあ者にとってそれは、社会生活を送るうえで、決して有効なものではなかった。それどころか、聴者がつくった聾教育によって、彼らろうあ者は、知識を得る機会すら奪い取られ、「九歳の壁」と揶揄《やゆ》されるような人間となってしまった。これでは、多少の口話ができたとしても、聴者社会の中にあっては、かえって孤立する存在となってしまう。そして詰まるところ、彼らは、デフ・コミュニティへと帰っていくのである。

木村さんと会話をしていれば、どこかの聾学校の校長が言った「ろうあ者には知識を得る力がない」という話が全く出鱈目《でたらめ》だということが瞭然《りょうぜん》とする。このように、聾教育に携わる人間が、根拠のない話を平然と口にしているのだ。ここに、ろうあ者に対する、聴者社会の無理解さ加減がよく表れている。

結局、木村さんと私の会話は、三時間以上に及んだ。会話のなか、彼女は一度だけ、笑顔を消し去った場面があった。それは、次のような話を手話にした時である。

「でも 自分たちが置かれている現実について 何も疑問に思っていないろう者が多いということも事実です。それに 自分たちは聴者とは違う独自の文化を持っているということを まるで自覚していないろう者もいます」

そう言った後の木村さんの表情は、悲憤に満ちていた。

聴者とは異なる文化や常識を有するろう者――。この現実を「理解しようとしない聴者」と「理解していないろう者」がいる。単純に考えれば、その両者の関係はうまくいくようにも思える。しかし、やはり違う。聴者優位のいまの日本社会の中では、前者と後者の間では、一方的な主従関係が形成されてしまうことになるだろう。だが、ろう者であろうと聴者であろうと、同じ人間である。いつかは、その関係が行き詰まり、それが取り返しのつかない事態を生むこともあるのではないか。

実際に、こうした背景が「殺人事件」へとつながったケースもある。

山口・同僚刺殺事件

二〇〇六年の四月二六日、山口地方裁判所下関支部は、殺人事件の被告人・井若弘《いわかひろ》

繁《しげ》（六三歳）に「懲役一二年」の実刑判決を下した。

ろうあ者である井若被告が事件を起こしたのは、この判決の日からおよそ九ヶ月前、二〇〇五年七月二七日のことだった。場所は、井若被告が約一七年前から建具職人として働いていた、建築会社の作業場においてである。

七月二七日の午後三時二〇分頃、会社の外から戻ってきた井若被告は、自分の職場である建具作業場へと入る。するとそこには、職人たちと楽しそうに話をしている女性事務員の姿があった。ところがその女性は、井若被告と目が合うなり、話を止《や》め、怒ったような表情をつくり、建具作業場から出て行ってしまった。

自分一人が除《の》け者にされている。そう感じた井若被告は、突然、激情に駆られる。女性事務員には、これまでも無視されたり、叱責《しっせき》されたりすることが何度もあった。そうした積怒を、ここで晴らさねばと思った。

作業台に目を移すと、そこに道具箱があり、中には長さ一五センチほどの切り出しナイフが入っている。井若被告は、そのナイフを手に取るや、女性事務員の後を追い、建具作業場から飛び出して行った。

「ぱー　ぱー　ぱー」

そんな怒声を上げながら、ナイフを持った右手を振り上げる井若被告。しかし、女性事務員の姿は、どこにも見当たらない。そこで、さらに辺りを見回すと、建具作業場の隣に建つ建築作業場のなかに人影が見えた。それは、作業中の同僚・太田順次さん（仮名・四四歳）の姿だった。その瞬間、井若被告は、太田さんが女性事務員と仲が良かったこと、さらには、太田さんにも日頃から理由も分からず怒鳴られていたことを思い出す。激情に支配されている井若被告には、もはやその興奮を抑制することができなかった。

中腰の姿勢で作業をしている太田さん。その背後から近づく井若被告は、しっかりと両手でナイフを握り締めている。

正面に回り込む井若被告。と同時に、体当たりするようにして、太田さんの腹部にナイフを突き刺した。そして、尻餅《しりもち》をついて倒れた太田さんに対して、今度はその左太腿《ふともも》にナイフを突きたてる。さらに、立ち上がって逃げる太田さんを追いかけ、背中を何度も突き刺す。太田さんは、作業場内にあった垂木《たるき》を摑《つか》み、必死の抵抗を試みるが、容赦ない凶行は続いた。

そして井若被告は、最後に太田さんの胸部をひと突きしてから、建築作業場を立ち去っていった。太田さんは、鉄パイプを杖《つえ》代わりにして、作業場から出てきたが、その出入口付近で仰向《あおむ》けになって倒れてしまった。

井若被告は、一旦《いったん》は建具作業場に戻ったものの、ナイフを作業台の上に置くや、またも建築作業場へと引き返す。が、そこであらためて、血まみれになって倒れている太田さんの姿を目にし、茫然《ぼうぜん》自失となる。結局、井若被告は、救急車が来るまで、その場に立ちつくしたままだった。

劣等感と疎外感《そがいかん》

井若被告は三歳の時に、高熱を発した病気のため、耳が聞こえなくなった。小・中学と聾《ろう》学校に通い、中学校卒業後は、建具職を中心にいくつかの職業を転々としている。字はほとんど読めず、三〇歳代前半までは、手話を使うこともできなかった。三三歳の時に結婚。相手は、やはりろうあ者である。この結婚がきっかけとなり手話を学び始め、三五歳になる頃には、何とか手話を使いこなせるようになっていた。

夫婦の間には二人の子供が誕生したが、結婚から一〇年目に、井若被告の金遣いの荒さや酒癖の悪さなどが原因で離婚している。ただし、素行が改善されればという前提のもと、復縁の余地は残っていた。

事件を起こした建築会社に就職したのは、離婚から二年後の一九八八（昭和六三）

年、井若被告が四五歳の時だった。

この建築会社には、手話を理解する人間は一人もおらず、職場におけるコミュニケーション手段は、「口話」及び手話とは異なる「単純なジェスチャー」に限られていた。手話という言語を有する井若被告としては、隔靴掻痒《かっかそうよう》の感があっただろう。だがそれでも、彼は頑張った。妻や子供たちとの生活を取り戻すためには真面目《まじめ》に働かねば、という思いもあったかもしれない。

そして二〇〇四年一一月、願い叶《かな》って、離婚した妻と復縁することとなった。しかし、縒《よ》りを戻したのも束《つか》の間《ま》、井若被告が前借りした退職金の使い道をめぐって、妻との間に揉《も》め事が起き、それが原因で再び離婚となる。

これ以降、井若被告は、劣等感と疎外感に苛《さいな》まれるようになっていく。そうなると、職場の同僚からもずっと虐《しいた》げられてきたような気にもなる。自分には非がないのに、叱られたり怒鳴られたりし続けてきた、と感じる。同僚たちが、自分に用事がある時、まず木片を投げつけてくることも、腹立たしく思えてきた。ろうあ者であるがゆえに、言われなき差別を受けている。そんなふうに考え、一人思い悩んでいた。

事件当日の朝も、やはりそうだった。出勤そうそう、同僚の一人から、仕事の内容について叱責される。それに対して、井若被告にも言い分があったが、うまく伝えることができない。思い返せば、いつもこうしたことの繰り返しだった。これ以上耐えられないと思った井若被告は、同僚に対して、咄嗟《とっさ》に「会社を辞める」という意味のジェスチャーをしてしまう。もちろん、それは本心ではなかった。だが、それを撤回する冷静さも失っていたし、「つい弾みで言ってしまっただけ」というような言葉を伝える手段もない。もう、どうでもよくなっていた。

そして結局は、会社側が井若被告の退職手続きを進めることになる。慰留する人間は、誰一人としていなかった。

寂しい思いに駆られた井若被告は、会社近くにある行き付けの食堂へと駆け込み、そこで酒を呷《あお》った。さらに別の店へと移動し、酒を飲み続ける。そんななか、やはり会社に残りたいという気持ちが強くなってきた。社長に謝って、「雇い続けて欲しい」と伝えよう。そう思う。早速、店を出た井若被告であるが、しばらくの間、外で時間を潰《つぶ》して、酔いを醒《さ》ますことにした。社長や同僚たちに、悪い印象を与えたくないからだ。そしておよそ三〇分後、井若被告は、殊勝な面持ちをつくり会社へと戻る。

こうした経緯で会社に戻ってきたその途端、刺殺事件が起きたのである。

ろうあ者から寄せられた「嘆願書」

判決のなかで裁判官は、次のように述べた。

「これまで被害者が被告人に対して嫌がらせ等をしたとする事情は全く認められず、被告人の一方的な思い込みであった可能性が高く、退職等により自暴自棄のような心情となって、いわば八つ当たり的に犯行に及んでおり、極めて理不尽で短絡的な犯行動機に酌量の余地は全く認められない」

確かに、裁判官の言う通りかもしれない。被害者をはじめ同僚たちは、実際にはそんなに酷《ひど》い叱《しか》り方はしていなかったかもしれない。しかしながら、井若被告には、その細かい発言内容について確認する手段はなかった。たぶん、その時々の精神状態によって、相手の発言に対する受け取り方も随分と違っていたのではなかろうか。が、コミュニケーションを十分にとることができない状況のなかでは、それも仕方のないことだろう。

一方、同僚たちにしても、同じことが言えるのではないか。彼らにも、井若被告が何を考え、何を言おうとしているのか、なかなか理解できなかったと思う。被害者の太田さんに至っては、まさか井若被告に殺されるようなことになるとは想像だにしていなかったはずだ。

だがいずれにせよ、井若被告が、一七年間にわたって一緒に働いてきた同僚に対して、いつの間にか殺意を抱くようになっていた、ということは事実である。

この裁判における検察側の求刑は、「懲役一五年」だった。そして判決は、「懲役一二年」。裁判官は、量刑の理由をこう述べた。

「被告人は、幼少の頃から聴覚に障害を有し、両耳とも難聴で、言葉を話すことができないため、健常者と比較して他者と十分な意思疎通を図ることが困難であり、それが被告人と被害者らとの間の行き違いを生み、本件犯行を惹《ひ》き起こす一因となった」

事件の背景をこのように語った裁判官。判決公判の二ヶ月前に提出された「嘆願書」に書かれていた文章が、その脳裏に浮かんでいたのではなかろうか。「嘆願書」には、一〇名のろうあ者の署名が添えられていた。その内容は、次の通りである。

「私たちは、同じ聴覚障害者である、井若弘繁さんが職場の同僚を刺して死に至らせたという今回の刑事事件に心を痛めています。今回の事件の背景には、聴覚障害者と健常者の十分なコミュニケーションの確保の困難さがあると考えられます。私たちは、同じ聴覚障害者としてそのことが実体験として理解できます。亡《な》くなられた方のご冥《めい》福《ふく》を心からお祈りすると同時に、以上の事情をご高配の上で、井若さんに寛大な刑が言い渡されますよう嘆願いたします」

実体験者の意見だけに、この文章には重みを感じる。そして、彼らろうあ者の置かれている状況については、思い半ばに過ぎるものがある。そんな彼らだからこそ、被告人が殺人事件を起こした人間であるにも拘《かか》わらず、その減刑を求める「嘆願書」を提出することができたのではないだろうか。

結果的に「懲役一二年」の刑となった井若被告だが、私としては、服役生活もさることながら、出所後の生活のほうがよほど気になってしまう。彼が出所する時には、その年齢は七五歳となっている。果たして、社会の中に居場所は用意されているのであろうか。

私自身、かつての受刑者仲間から、ろうあ者が聴者のなかで生きていくことの困難さ、あるいは出所後の社会の冷淡さについて、たびたび話を聞かされていた。「傷害事件」を起こして服役していたその受刑者仲間は、金釘流《かなくぎりゅう》の字でこう書いた。

――はたらきはじめた時から　まわりの人がなに言ってるか　よくわからなかった。でも　だいたいわかる。いつも　耳の聞こえる人　オレのこと　バカにしてた。オレ

は　ほかのろうあ者とちがう。だから　やっつけた。

彼は、性格的には極めて温厚な人間だった。その彼が、そんなふうに考えていたのだから、周りの聴者との間で、よほど腹に据えかねることがあったに違いない。だが彼は、続けてこうも書いた。

——でも　ほんとうに　悪いことした。いま反省してる。やっぱり　オレたちと耳の聞こえる人　なかよくしなくてはダメ。

私が「その通り」と賛同すると、彼は顔を綻《ほころ》ばせながら、また鉛筆を走らせた。

——オレのおくさんもろうあ者。でも　きょねん生まれたオレの子ども　耳が聞こえる人だった。ムショから出たら　いっぱいあそぶ。そして　いっぱい手話おしえる。

そう書いてから、さらに相好《そうごう》を崩す彼。本当に嬉《うれ》しそうな表情だった。

そして、それから間もなくのこと、彼のもとに一通の信書が届いた。妻からのものらしい。早速、私は、彼に筆談を求めた。

——奥さんからの手紙、どうでしたか。お子さんは、元気そうですか。

これに対して、彼はこう答えた。

——オレ　帰るとこ　なくなった。おくさんから　離婚とどけが送られてきた。

終章　行き着く先はどこに——福祉・刑務所・裁判所の問題点

ある聴覚障害者の出所

二〇〇六年の五月の末、一人の男性が栃木県の黒羽刑務所を出所した。男性の名前は、金井武治《たけじ》（仮名）。齢《よわい》傾く七六歳で、その足の運びは、いかにも頼りなかった。

彼は、二〇〇二年一二月二六日、前橋地方裁判所において「懲役四年」の実刑判決を受け、その後三年半近く、この黒羽刑務所に服役していたのである。

「金井の爺《じい》さんは、耳が不自由だった。だから、ほとんど会話することはなかったんだけど、用がある時は、筆談で話したよ」

そう話すのは、一年半にわたって武治受刑者と共に獄中生活を送っていた、元受刑者の中村浩一《こういち》さん（仮名）。彼が言うように、武治受刑者は聴覚障害者だったのだ。裁判における判決文にも、「被告人は、幼少時から聴力及び会話力に障害があることが認められる」とある。

高齢かつ障害者でもある武治受刑者。だが、彼には、出所後の行き場はなかった。

「はじめは、誰かが身元引受人になってたようなんだ。でも、それもすぐに断られちゃったらしいんだな。まあ、金井の爺さんも、しょうがないっていう感じだったけどね」

中村さんの話によれば、武治受刑者のもとには「一通の手紙も来なかったし、面会にも誰も来なかった」という。しかしそれは、私自身の経験からいって、十分に頷《うなず》けることだ。障害のある受刑者の場合、その多くは身内からも見放されており、親族が面会に訪れることなど、まずなかった。そして、身元引受人のいない彼らには、仮釈放は一切認められず、結局、刑務所を出るのは刑期満了日の翌日となる。武治受刑者も、そうだった。

彼への判決文には、こうある。

「被告人は現在七三歳と高齢であること、被告人の次女が一生被告人の面倒を見る旨《むね》、警察官調書において述べていることなど、被告人にとって酌《く》むべき事情も認められる」

そのうえで裁判官は、懲役六年の求刑に対して、「懲役四年・未決勾留《こうりゅう》日数中その二一〇日を刑に算入」という判決を下している。娘が身元引受人になることを斟酌《しんしゃく》しての量刑だった、と思われる。

にも拘《かか》わらず、彼の娘は、父親の身元引受人とはならなかったようだ。そしていま、武治受刑者の出所後の足取りは全く摑《つか》めない。

伊勢崎市・女性監禁餓死殺人事件

「でもさ、金井の爺さんのとこは、かみさんも長男も長女も、みんな塀の中に入っちまってるんだからね。残った身内の誰かが引受人になるったって、そりゃ大変だろ。それに、あの家族が起こした事件は、相当世間で注目された事件だったからね。たしか、家の中に息子のオンナを監禁して、餓死させたっていうような事件だったよな。テレビでも結構やってた」

そう語る中村さん。確かに、彼の言う通りだった。

金井一家が起こした「女性監禁餓死殺人事件」。それは発覚当時、常軌を逸した事件として、社会に大きな衝撃を与えた。二〇〇〇年に発覚した「新潟少女監禁事件」を彷彿《ほうふつ》とさせる事件でもあり、ワイドショーや週刊誌は、この事件をセンセーショナルに取り上げた。特に主犯格の長男に対しては、「鬼畜」とか「宅間守と佐藤宣行《のぶゆき》を合わせた男」などと、容赦ない言葉を浴びせつけた（注・宅間守は大阪教育大付属池田小学校で起きた児童連続殺傷事件の犯人、佐藤宣行は新潟少女監禁事件の犯人）。

当時の私はまだ服役中の身で、この事件は黒羽刑務所の中で知ったのだが、受刑者仲間が口にした言葉を、いまでも覚えている。

「こりゃー酷《ひど》い事件だぜ。世の中、ホントに悪い奴《やつ》がいるもんだな。悪い奴は、刑務所にぶち込むに限る。いや、こんな奴らは、みんな死刑にすべきだ」

自分のことは棚に上げて、よくもそこまで客観的になれるものだ、と妙に感心させられたが、私自身も、その言葉に半分頷いていた。

刑務所の中でも、テレビニュースを見ることもできれば、新聞や週刊誌を読むこともできる。それらの報道によると、餓死した女性は、群馬県伊勢崎市の加害者宅において、四年という長きにわたって軟禁状態に置かれていたという。その間、食事を満足に与えられなかったばかりか、煙草《たばこ》の火を押し付けられるなどの虐待《ぎゃくたい》も繰り返し受けていたようだ。死亡時にはミイラのような体となっており、一五八センチの身長に対して、体重は二六キロほどしかなかったらしい。このように塀の中に伝わってくる情報を見聞しただけでも、極めて残忍な事件であったことが窺《うかが》える。

一方で私は、被害者の女性が誘拐されてきたわけではなく、自ら進んで金井一家のもとに身を寄せていたという事実を知り、何か解《げ》せない思いもしていた。

が、この事件に関する報道は、発覚から二週間も経《た》たぬうちに、全く流れてこなくなり、結局、事件に至る詳しい背景を知ることはできなかった。マスコミ報道にブレーキをかける、何らかの事情があるように思われた。

武治元受刑者とその妻（六五歳）、それに長女（三八歳）と長男（三七歳）の四人が、同居していた女性（三六歳）を衰弱死させたとして、「殺人」の疑いで逮捕されたのは、二〇〇二年二月一三日のことだった。

「世話をしていただけ」

「放っておいたら、死んでしまった」

逮捕直後の取調べにおいて、四人はそのように話している。

そんな金井一家に判決が下されたのは、逮捕の日からおよそ一〇ヶ月が経過した、二〇〇二年の一二月だった。判決文を一読した私は、その時点でようやく、これまでの疑問が氷解することとなる。

事件の概要は、こうである。

一九九三（平成五）年のこと、当時二八歳の長男は、中学校時代の同級生だった女性を電話で呼び出し、その日のうちに肉体関係を持つに至った。その女性というのが後に被害者となる女性で、彼女には夫も子供もいた。結局、数日後にはこの不倫は露見し、女性の夫と兄が金井家へと乗り込み、長男に対し怒り露《あら》わに詰め寄る、という騒ぎになる。

「今後二度と会いませんし、電話も掛けません」

長男はそう言って、土下座しながら許しを請《こ》うた。

だが、それから二年後、再び二人は電話を掛け合う仲となる。そして、一九九八年一月、女性は、「埼玉に行く」との短い書き置きを残して、突然、家族の前から姿を消してしまった。行方を追う家族は、まず群馬県太田市内にあった金井一家が暮らす市営団地を訪ねている。しかし、すでにそのころ金井家は、二〇キロほど離れた伊勢崎市へと引っ越しており、部屋はもぬけの殻となっていた。

金井家が転居した伊勢崎市内の借家。そこは、六畳と四畳半のふた間しかないトタンぶきの古い民家だった。この陋屋《ろうおく》ともいえる家において、被害女性も含めた六人の生活が始まったのだ。実は金井家には、親子四人以外にもう一人、一四歳になる女の子がいた。彼女は、長男とその離婚した前妻の間に生まれた子供で、小学校にも中学校にもほとんど通わされていなかった。

女性への虐待は、同居後すぐに始まっている。そのきっかけは、次のようなものだった。

「家事を手伝うように言っても、満足にこなすことができなかった」

「何もせず、一日中、テレビばかり見て過ごしていた」

「部屋の中で、大便や小便を漏らすこともあった」

女性のこうした生活ぶりに業《ごう》を煮やした四人は、彼女に罰を与えることとなる。当初は、食事を一日二食に減らしておかずも抜き、という程度だったが、それが次第にエスカレートしていく。同居して半年後には、一日一食に、そして二年後には、二、三日に一食となっていた。長男は、その頃から、女性の体に煙草の火を押し付けるなどの虐待行為に及ぶようになり、肉体関係を持つこともなくなる。さらには、長女や母親も加わって、顔面を殴りつけたり体を足蹴《あしげ》にしたりと、三人による女性への折檻《せっかん》が、止め処《ど》なく繰り返されるようになった。

女性は、残飯を漁《あさ》って飢えをしのいでいたが、同居から三年が過ぎた頃には、明らかに自活能力は衰え、一日中部屋に座っているだけの生活となる。トイレに行くにも伝い歩きをしなくてはならない状態だった。

「そろそろ、家に帰したほうがいいんじゃないか」

女性が亡《な》くなる五ヶ月前、父親の武治がほかの家族にそう提案している。だが、誰もそれを聞き入れなかった。それどころか、四人は女性を外に出さないように約束し合うことになる。

そして、同居生活が間もなく四年になろうとした頃、女性は息絶えてしまった。

「妻が死んでいるようだ」

長男は落ち着いた様子で、そう一一九番通報している。

障害者一家

こうして振り返ってみると、実に不思議な事件である。

女性が死に至ることは、金井家の誰もが分かっていたはずだ。また、彼女が死亡すれば、自分たちに警察の捜査が及ぶことも分かっていたはずだ。にも拘わらず、四人は何も手を打つこともなく、女性が絶命するや、すぐに消防に通報している。容疑者、そして被告人となった一家は、取調べや裁判の場においてあっさりと罪を認めているものの、本当は罪の意識などなかったのではないか。そんなふうにさえ思えてしまう。

かたや、被害女性についても、理解しにくい点がある。同居生活を始めた当初、いくらでも逃げ出す機会があったはずなのに、彼女が金井家を離れることはなかった。食事抜きの罰を与えられようと、肉体的暴力を受けようと、漫然として金井家のなかに居続けている。

果たして彼ら彼女らは、どのような人間だったのか。そう思わざるを得ない。そこで判決文だが、そのなかでは、加害者・被害者双方の身上経歴等についても触れられている。

父親は、前述したように聴覚障害者である。尋常小学校卒業後、しばらく農業の手伝いをして暮らすが、その後、これといった定職に就くことはなかった。事件当時は、たまにホテル清掃のアルバイトに出ることもあったが、その収入は僅《わず》かな額に留まっている。

母親は、中学卒業後、いくつかの町工場に勤めたが、それぞれ長続きしなかった。裁判官は、その母親に判決を言い渡すにあたって、こう述べている。「被告人は、大変な家族の家事などを一手に支えてきた」と。

裁判官の言う「大変な家族」とは、何を意味するのか。

なるほど、そこがマスコミ報道を萎縮《いしゅく》させた原因だった。実はこの家族は、父親が聴覚障害者であるばかりでなく、ほかにも障害者がいた。長女が精神障害者、そして長男が知的障害者だったのである。

長女と長男は働きに出ることもなく、結局、一家の家計は、長女が受給する障害者年金に、完全に依存していた。だが、五人の人間が暮らしていくには、その額はあまりにも少な過ぎる。自然と金井家は、外との関係を絶つようになり、家族全員が「ひきこもり」生活へとなっていく。ちなみに、金井夫婦のもう一人の子供である次女は、一九八七（昭和六二）年に秋田県へと嫁ぎ、その後の行き来はほとんどなかった。

こうして金井家は、外部の目が届かない状態となっていった。

そんななか、この家に遣《や》って来た被害女性。彼女もまた、知的障害者だった。長男とは、中学校の特殊学級で席を並べていた。二人とも軽度の知的障害者であり、障害者手帳は有していなかった。したがって、中学卒業後は、全く福祉とつながっていない。

詰まるところ、二人は中学校卒業から二二年目、一方は殺人事件の被害者に、もう一方は殺人事件の加害者へとなったのである。

福祉との接点を持たない障害者たちが惹《ひ》き起こしたこの事件、そしてマスコミが封印したこの事件は、父親に「懲役四年」、母親と長女に「懲役八年」、長男に「懲役一二年」という実刑判決が下され、その幕を閉じた。

福祉にも無視される触法障害者

二〇〇六年の六月、私は伊勢崎市役所の福祉担当職員と話をする機会を持った。

「あの『女性監禁餓死事件』を起こした人たちについて、お聞きしたいんですが」

私はそう言って、話を切り出した。すると職員は、眉間《みけん》に皺《しわ》を寄せ、「はあ」と漏らす。そしてその顔は、すぐに怪訝《けげん》な表情へと変わった。なぜ、自分がそんなことについて質問を受けなければならないのか。そう口にしたいのを抑えているようだ。

続けて私は、「事件を起こした家族のなかに、障害者が三人いた」ということを説明する。が、なかなか言葉は返ってこない。

「へぇー、そうだったんですか」

しばらく間を置いて、戻ってきた返事。その抑揚のない口吻《こうふん》から、この話を迷惑がっていることが容易に察せられた。罪を犯した障害者の話などしないでくれ、といった様子だった。しかし私は、この件に関しては少々しつこい。

「あの人たちも、いずれ社会に戻ってくることになります。出所後の彼らを福祉行政としてフォローしていく。その必要性をお感じになりませんか」

だが、それに対する返事は、「はあ」の一言だけ。まさに暖簾《のれん》に腕押し、という状態だった。

触法障害者の話をした時、こうした反応を示すのは、何もこの職員だけではない。多くの行政職員は、同じようなものである。そして民間の福祉関係者は、尚更《なおさら》そうだ。

結局、触法とラベリングされた障害者は、出所後の社会に居場所は用意されておらず、何回も何回も服役生活を繰り返してしまう。序章においても、「知的障害のある受刑者の七割以上が刑務所への再入所者であり、そのうち一〇回以上服役している者が約二割を占める」と記したが、これは一方で、次のようなことも意味するのではなかろうか。

重罪を犯した者は、一度の刑期が長く、一生のうち何度も懲役刑を受けることはないので、「知的障害者が服役するのは、大方が軽微な罪によってである」ということである。

私が知っている障害のある受刑者たちも、その多くは、福祉から見放され、ホームレスに近い生活を続けた挙げ句、無銭飲食や置き引きといった罪で服役していた。福祉が関わってさえいれば、なにも実刑判決を受けるような罪ではない。障害者が起こした軽微な罪の場合、身元引受け先の有無が、司法の判断に大きな影響を与えるのだ。

半年ほど前のことだ。ある知的障害者が、一審で実刑判決を下され、その担当弁護士から相談が寄せられた。出所後の行き場がないということである。そこで、私が関係している知的障害者入所施設が引受け先になることを承諾して、さらには高等裁判所への控訴を選択した。すると控訴審では、「被告人をただちに施設に入所させる」ということを条件に、あっさりと執行猶予《ゆうよ》付き判決へと変わってしまったのだ。

しかし残念ながら、これは極めてレアなケースである。大抵の福祉施設は、触法障害者との関わりを避けてしまうからだ。

『矯正統計年報』に「出所者の帰住先」という項目があるが、二〇〇四年の出所者総数二万九五五三名のうち、社会福祉施設が受け入れた出所者は、わずか二四名にとどまっている。受刑者の高齢化率が、世界の国々の中でも突出して高い我が国であるにも拘《かか》わらずだ。この数字が示すように、福祉の現場は、前科が加わった障害者に対しては概して冷淡なのだ。

このへんの事情は、これまで繰り返し述べてきたように、触法障害者の存在をタブー視してきた大手メディアの報道姿勢によるところも大きい。障害者による犯罪が報道されてこなかったこともあって、多くの触法障害者が、「この社会にはいない者」

として捉《とら》えられている。

日本のマスコミは、努力する障害者については、美談として頻繁に取り上げる。障害にも負けず仕事に頑張る障害者、パラリンピックを目指してスポーツに汗する障害者、芸術活動に才能を発揮する障害者などなど。確かに、それも障害者の一つの姿かもしれない。だが一方で、健常者と同じように、問題行動を起こす障害者もいる。

実際に、私のところには、毎月何件もの、触法障害者や虞犯《ぐはん》障害者に関する相談が舞い込んでくる。そのほとんどは、まず福祉行政に連絡をとってはみたものの、全く取り付く島がなかったとのこと。これが福祉の実態である。障害者が起こした犯罪そのものをマスコミが隠蔽《いんぺい》しているため、多くの福祉関係者は、近辺に触法障害者が現れたとしても、彼らを極めて特異な存在として受け取り、福祉的支援の対象から外してしまうのだ。こうした状況のなかでは、罪を犯した障害者の親族までもが匙《さじ》を投げざるを得なくなる。

「重度障害者重視」の弊害

だが本質的にいえば、福祉施設が触法障害者への関わりを敬遠するのは、次のような理由によるものだ。

それは、福祉行政の「障害」に対する見方からきている。要は、日本の行政は障害者への給付金を算定するにあたって、障害程度をADL（日常生活動作）という尺度でしか判断していないのだ。行政が定めた基準からすれば、食事介助や入浴介助が必要な人ほど、多くの予算が割り当てられることになる。逆に、一人で食事や入浴ができれば、たとえ日常的に問題行動を起こしていても、それに給付金が加算されることはない。

が、私自身の経験から言わせてもらえば、寝たきりに近い重度の障害者より、刃物やライターを持ったりする軽度の障害者のほうが、よほどケアや支援に困難がともなうものである。しかし彼ら彼女らには、ほとんど予算は付かない。

こうした背景があり、結局、福祉施設にとっては、「罪を犯す恐れがある障害者を受け入れても、ただ厄介なだけで、施設運営上のメリットは何もない」ということになるわけだ。

では、福祉施設での引き受けが無理ならば、更生保護法人が運営する更生保護施設はどうなのか。

更生保護施設とは、身元引受人がいない受刑者たちの出所後の受け入れ施設である。現在、全国に一〇一ヶ所の施設があるが、やはり、障害のある出所者は絶対に引き受けてくれない。更生保護施設の職員には、福祉的介助スキルがないからだ。

黒羽刑務所の「寮内工場」にいた障害者たちも、そうだった。寄る辺のない彼らは、担当刑務官に促され、頻繁に更生保護施設への「受け入れ願い」を提出していたが、すべて「受け入れ不可」として断られていた。なかには一〇ヶ所以上の更生保護施設から断られている受刑者もいた。

「駄目もとで、また依頼してみたらどうだ。『下手な鉄砲も数打ちゃ当たる』って言うしな。この前は、北海道の施設だったけど、今度は沖縄の施設にしてみるか。ここと違って冬でも暖かいぞ、あそこは」

担当刑務官は、何としても彼らの引受け先を確保したいようで、何度も何度も「受け入れ願い」を提出するように勧めていたが、結果はすべて徒事に終わる。

「本当だったら、こんな人たちこそ、ちゃんと引き受けてくれるべきだと思うんだがね。けどなあ、そうも無理は言えないか、あそこは民間の人たちがやってる施設だから……。結局いまの更生保護施設は、若くて五体満足で、すぐに就職先が見つかるような受刑者しか引き受けてくれないんだ。でも更生保護施設が駄目だったら、国が何かほかに対策を考えなきゃな。いまのままじゃ、要するに『障害者とか年寄りの受刑者は、また刑務所に戻りなさい』って言っているようなもんだ」

ある刑務官は、そう言って、更生保護行政に対する失望を露《あら》わにしていた。だが刑務官にとっては失望程度の話かもしれないが、当の受刑者たちは、絶望感に覆《おお》われているのだ。

ホームレスかヤクザか閉鎖病棟か……

寮内工場に、五ヶ所の福祉施設と八ヶ所の更生保護施設に引き受けを拒否された、視覚障害のある受刑者がいた。五〇歳代後半の彼は生まれながらの全盲者で、いまは世の中に一人の身内もいない。「窃盗罪」による服役だが、その内容は六〇〇円ほどの弁当を盗んだというものだった。

彼が刑期満了になる直前、私は聞いてみた。

「出所したら、どうするつもりですか」

彼は、迷わず答える。

「ここを出る時に貰《もら》える作業賞与金が一万五〇〇〇円くらいあるんで、それで目いっぱい酒を飲むな。それがこの世での飲み納めだ。そのあとは、なるべく人に迷惑がかからない方法で死ぬだけさ。海にでも飛び込むか。はっはっはっ」

乾いた笑い声を上げた後、すぐに溜《た》め息を漏らした彼。真顔に戻ったその表情からして、彼が口にした言葉が、単なる冗談だとは思えなかった。そして、いまでも彼の安否については、大いに気になっている。

実は私は、出所後二年が経過した頃から、獄中生活を共に送った障害者たちの消息を追いかけている。全盲の彼をはじめ、行方が分からない受刑者仲間も多いが、残念ながら、本当に自殺してしまった者がいた。その彼は肢体不自由者だったが、服役中から、「娑婆《しゃば》に戻るのが怖い」と、たびたび訴えていたように記憶している。

もう一人、変死している者もいた。そして案の定、刑務所に戻ってしまった者も何人かいる。ほかには、ヤクザ組織に身を置く者、路上生活者となっている者など、出所後の生き方はさまざまである。

「俺よー、いま、めっちゃ楽しいんだ。周りには俺と同じように、ムショ上がりがいっぱいいるし、組の兄貴たちにも可愛《かわい》がってもらってるし」

そう言う彼は、軽度の知的障害者だった。確かに、刑務所にいた時よりも生き生きとしているが、この調子だと、すぐに鉄砲玉にされかねない。ピストルを撃つ構えをして、「バキューン、バキューン」などと口にしながら、悦に入っている様子の彼。「あいつを撃ってこい」と命令されれば、即、飛んでいきそうだ。しかし、彼にとってそこは、生まれてはじめて見つかった、自分自身の居場所なのかもしれない。なんとも遣り切れない思いがするが、いまのところ彼を受け入れてくれる福祉施設はないし、彼自身もそれを望んではいなかった。

一方、寮内工場には、重い知的障害を抱えている受刑者も多数いた。彼らは、ヤクザ組織からの勧誘を受けることもないだろうし、ホームレスとしての一人暮らしも不可能なはずだ。であるならば、福祉とつながっている者はいないか。そう思い、私なりのアンテナを張って調べてみた。

心当たりがある場所に足を運んだり、行政機関に問い合わせをしたりするなかで、ようやく二人の知的障害者の所在が判明した。が、残念ながら二人とも、福祉の支援は受けていなかった。福祉施設ではなく、医療機関にいたのだ。精神科の病院である。医療的な治療など必要ないにも拘わらず、彼らはいま、精神科病院の閉鎖病棟に収容されている。

このように、彼らの消息を訪ねるなか、触法障害者を取り巻く世の中の現実が、かなり見えてきた。かろうじて再犯者になることを免れている者も、「路上生活者」「ヤクザの三下」「閉鎖病棟への入院」、そして「自殺者」や「変死者」になっていたりと、それは、あまりにも切ない現実の数々だった。

――福祉は、一体何をやっているんだ。

すべての福祉関係者に向かって、そう叫びたくなる。もちろんそれは、私自身に対してもだ。

刑務所の中で保護される障害者

ところで、内閣府が発行している『障害者白書』の平成一八年版によれば、「現在、日本全国の障害者数は、約六五五万九〇〇〇人」となっている。その内訳は、身体障害者が約三五一万六〇〇〇人（うち聴覚障害者・約三四万六〇〇〇人、視覚障害者・約三〇万一〇〇〇人）、精神障害者が約二五八万四〇〇〇人、知的障害者が約四五万九〇〇〇人だ。

しかし、この知的障害者の総数は、非常に疑わしい。

人類における知的障害者の出生率は、全体の二％から三％といわれている。だが、四五万九〇〇〇人だと、我が国総人口の〇・三六％にしかならない。欧米各国では、それぞれの国の知的障害者の数は、国民全体の二％から二・五％と報告されているのだ。「日本人には知的障害者が生まれにくい」という医学的データは、どこにもない。要するに、四五万九〇〇〇人というのは、障害者手帳所持者の数なのである。現在、なんとか福祉行政とつながっている人たちの数に過ぎない。本来なら知的障害者は、日本全国に二四〇万人から三六〇万人いてもおかしくないはずである。

結局、知的障害者のなかでも、その八割以上を占めるといわれる軽度の知的障害者には、前述したような理由から、福祉の支援がほとんど行き届いていない。したがって、障害が軽度の場合は、あえて障害者手帳を取得しないケースも多くなる。現状では、軽度知的障害者が手帳を所持していても、あまりプラスはなく、単なるレッテル貼《は》りに終わってしまうからだ。

こうして、数多くの知的障害者が、生まれながらの障害を抱えていながらも、福祉と接点を持つことなく生きているのだ。もともと、社会や他人と折り合いをつけることが不得意な人たちだ。だんだんと社会の中での居場所を失い、それに貧困や虐待《ぎゃくたい》やネグレクトといった悪条件が重なれば、すぐに刑務所に入るようなことになってしまう。

国会議員在職時、「セーフティーネットの構築によって、安心して暮らせる社会を」

などと、偉そうに諭じていた私。ところが、我が国のセーフティーネットは、非常に脆《もろ》い網だった。毎日たくさんの人たちが、福祉とつながることもなく、ネットからこぼれ落ちてしまっている。そして、司法という網に引っかかることによって、ようやく生き長らえていた。そう考えれば、「刑務所は、行き場を失った障害者たちを保護する施設」ともいえるのではないか。

しかし、そんな彼らにも、矯正予算として年間一人当たり約二七〇万円の税金が投入されているのだ。が、それだけの予算が使われているにも拘わらず、彼ら障害のある受刑者たちが、福祉的な視点で処遇されることはない。まともな刑務作業も与えられず、更生プログラムや矯正教育も用意されておらず、ただ「処遇困難者」として寮内工場のような場所に隔離されているだけなのである。これでは刑罰にもならないし、再犯防止にもつながらない。

どう考えても、税金の使われ方として、おかしい。塀の中の現実を知った時、そう思うのは、私ばかりではあるまい。

変わりつつある刑務所

服役中の受刑者というのは、それぞれの刑務所が定めた細かい所内規則によって、生活のすべてを縛られている。その規則の根拠となるのが、一九〇八（明治四一）年に施行された「監獄法」だ。非常に読みづらい法律である。カタカナ表記の文章で、句読点や濁点もない、実に前時代的な法文だ。

「本法ハ陸海軍ニ属スル監獄ニ之《コレ》ヲ適用セス」（第一〇条）

そんな時代錯誤の一文が、いまだに残っていた。七五条からなるこの法律の中身を見ると、「監獄内の規律及び秩序の維持」という点ばかりに重きが置かれており、受刑者への処遇概念は全く記されていない。「矯正」や「更生」という言葉も見当たらない。

日本の刑務所は、明治時代から変わらず、約一世紀もの間、この監獄法に則《のっと》って運営されてきたのだ。

二〇〇五年の二月、愛知県安城《あんじょう》市において、生後一一ヶ月の乳児が刺殺される事件が起きた。逮捕された容疑者が刑務所から仮釈放されたばかりの男だったことから、以後、刑務所での矯正教育のあり方を疑問視する声が社会に拡《ひろ》がっている。

私の経験からすると、刑務所の中では、まともな矯正教育など全く行なわれていなかったように思う。先に述べたように、過剰収容状態のなか、職員体制の不備は否《いな》めず、とても矯正教育にまで手が回らないわけだ。矯正行政とは名ばかりで、「矯正」の機能はほとんど果たしていなかったのだ。

「俺たち職員に面倒かけるようなことは、絶対するなよ。とにかくお前たち受刑者は、ただ大人しくさえしていればいいんだ」

日常的に耳にした刑務官の言葉。ただしそれは、受刑者への放任主義を示すものではない。規律維持がすべてに優先する日本の刑務所のことだ。刑務官の指示や規則に従わない受刑者には、ただちに物理的制裁が待っている。

その行き過ぎた例が、二〇〇二年の暮れから翌年にかけて、次々と明るみになった名古屋刑務所における受刑者暴行死傷事件であろう。二〇〇一年一二月から二〇〇二年九月までの間に、二人の受刑者が死亡し、一人の受刑者が重傷を負った事件で、これに関わった刑務官は、特別公務員暴行陵虐致死容疑で、逮捕・起訴されている。現在も裁判は続いているが、これらの事件を単に「犯行に加わった個々の刑務官の資質」として片付けるわけにもいかないだろう。「塀の中は治外法権」という考え方が罷《まか》り通っていた日本の行刑施設では、全国どこの刑務所でも起こり得る出来事なのである。実際に、名古屋刑務所事件が発覚した後も、山口刑務所や神戸拘置所などで、刑務官による受刑者への暴行事件が頻発している。

このように、この数年間、相次いで発生した刑務所内不祥事。「管理あって、処遇なし」といわれる監獄法の限界や弊害が露呈してきたのだ。

そこで法務省は、二〇〇三年三月、民間有識者一五名からなる諮問《しもん》機関「行刑改革会議」を発足させる。監獄法の全面改正を視野に入れた「刑務所改革」に乗り出したのだ。

それから一年後の二〇〇四年三月、私のところに一本の電話が掛かってきた。法務省矯正局の総務課長からだった。

「ご著書の『獄窓記』を読ませていただきました。それで誠に厚かましいんですが、ご本のなかにも触れられていますような山本さんのご意見を、われわれ矯正に携わる人間に直接お聞かせいただきたいと思ってお電話させていただいた次第です。お話しいただく相手は、私ども法務省の矯正局長、保護局長をはじめとした幹部職員、それに、全国の刑務所、少年刑務所、拘置所のすべての所長です。是非とも、矯正施設の中で感じられた、ここがおかしいというような点について、忌憚《きたん》のないご意見をいただけませんでしょうか。厳しいご批判、あるいはご提案でも結構ですから、何卒《なにとぞ》、よろしくお願いします。どうか、刑務所改革に力をお貸しください」

私はこの法務省からの依頼に、「まだ刑期満了から一年ちょっとしか経《た》っていない自分なんかが、おこがましい」と、一旦《いったん》は断りを入れてみたものの、結局は引き受けることにした。障害のある受刑者たちの処遇改善につながれば、という思いがあったからだ。

法務省の幹部職員及び全国の行刑施設の施設長が参集したその会は、二〇〇四年六月四日、法務省地下一階の大会議室で開かれた。

午後一時に演壇に立った私。冒頭に、一年二ヶ月間にわたって刑務所内でお世話になったお礼を述べた後は、要望通り「現場刑務官の人権意識の希薄さ」や「刑務所運営の不透明性」など、かなり辛辣《しんらつ》な意見を並べ立てた。そして後半は、福祉に携わる者としての見地から、障害のある受刑者について、その「社会復帰につながる処遇の必要性」を訴える。薬漬けによる単なる隔離処遇は止《や》めるよう、さらには、心理の専門家やソーシャルワーカーを処遇に当たらせるよう、強く申し入れた。すべてとは言い切れないが、その時点での私なりの問題意識をぶつけることができたと思う。

この会以降、私は、折にふれて、矯正局や保護局の職員と意見交換をするようになっていった。

そして、二〇〇五年五月一八日、参議院本会議において、監獄法を全面的に改正した「受刑者処遇法（刑事施設及び受刑者の処遇等に関する法律）」が全会一致で成立する。私も、その八日前、参議院法務委員会の場に招かれ、参考人として話をする機会を得たが、その意見はもっぱら、「障害のある受刑者の処遇問題」に終始した。

こうして、受刑者処遇法が成立したことによって、監獄法の名称は消え、全国の刑務所は二〇〇六年五月二四日から、この新法によって運営されることとなった。

私自身、受刑者処遇法については、大いに評価している。

受刑者処遇法は、名古屋刑務所事件等の反省を踏まえて、総則に「受刑者の人権尊重」が明記されている。また、「刑事施設視察委員会」を各刑務所に新設するなど、行刑運営の透明化をはかり、国民に開かれた刑務所を目指す。受刑者の処遇に関しても、刑務作業中心の画一的な管理方式を改め、矯正教育を重視する姿勢へと転じた。受刑者に罪種別更生プログラムの受講を義務付けるのだ。奈良市女児誘拐殺害事件を受けて設置された「性犯罪者処遇プログラム研究会」がまとめた性犯罪者教育や、薬物依存防止教育、暴力団離脱教育などが用意されている。

障害のある受刑者への福祉的処遇という観点でいえば、新法施行を待たず、すでにこの二年ほどの間、さまざまな取り組みがなされてきた。心理職やソーシャルワーカーの人員確保もそれなりに進んでいるようだし、刑務官の社会福祉施設における研修制度も始まり、年に二〇〇名近い刑務官たちが障害者施設や高齢者施設での実習を行なっている。

さらに私が注目しているのは、今後二ヶ所に新設される予定のPFI（プライベート・ファイナンス・イニシアティブ）方式の刑務所だ。PFI刑務所というのは、要するに半官半民の刑務所であり、運営者として多くの民間人が加わることになる。私が特に期待するのは、二〇〇八年一〇月に島根県に開設予定のPFI刑務所である。この刑務所では、精神障害者・知的障害者・身体障害者専用の収容ユニットを設ける予定となっている。ここでの受刑者は、刑務作業をするのではなく、福祉的スキルを持った専門家による生活訓練を受けることになるのだ。是非、これを機に、矯正と福祉が一体となって、障害のある受刑者たちの社会復帰を支えて欲しいものである。

以上述べたように、いま矯正行政は、福祉的視点を取り入れたうえで、大きく生まれ変わろうとしている。

矯正行政のこうした姿勢が生み出された背景には、「矯正は受け入れる人間を選べない」という制度上の現実があるようにも思う。ケアや支援の対象者を選択できる福祉とは違い、矯正の現場は、裁判所で実刑判決を下された者の受け入れを拒むことはできないのだ。精神障害者・知的障害者・身体障害者といった、極めて処遇が困難な人たちでも、日々受け入れていかなくてはならない。これまでは、マンパワーとスキルの不足から、そうした人間を等閑に付している矯正施設がほとんどだったが、今後は、障害のある受刑者への処遇もきめ細かいものへとなっていくのではなかろうか。

が、しかしだ。彼ら障害のある受刑者の社会復帰を促進したり、再犯を防いだりするためには、刑務所内改革だけでは不十分であることは言うまでもない。社会への出口、つまり福祉の改革が同時に行なわれる必要もあるのだ。いや、本来なら、こちらの改革のほうを、先に行なうべきであったろう。

福祉がいまのままの状況で停滞しているなか、刑務所内福祉が充実してしまうと、結果的に、実刑判決を下される障害者がより増えていき、刑務所への障害者の流入が加速される危険性もあるのではないか。これでは、本末転倒である。とにもかくにも、福祉のほうの改革を急がねばならない。

刑事裁判の問題点

受刑者処遇法が成立した一ヶ月後の二〇〇五年六月、私は、状況認識を共有する福祉関係者や弁護士グループとともに、私的勉強会「触法・虞犯《ぐはん》障害者の法的整備のあり方検討会」を発足させた。家族や地域福祉から見捨てられた障害者を矯正施設に押し付けるのではなく、社会で支え合う仕組みをつくる。それが、この会の目的だ。厚生労働省や法務省の職員にもメンバーに加わってもらい、一年間にわたり勉強会を重ねてきた。議論の俎上《そじょう》に載せたのは、これまで各章で述べてきたような触法障害者を取り巻く諸問題だ。過去、こうした問題について、厚生労働省と法務省の両省間には、全く情報の共有がなかったらしく、厚生労働省からすれば、驚きの連続だったようである。

そして二〇〇六年の六月六日、この検討会が「虞犯・触法等の障害者の地域生活支援に関する研究」として、厚生労働省の正式な研究班となった。引き続き、法務省の矯正局や保護局の担当者にも、アドバイザーとして参加してもらっている。

今後は、研究のみならず、実際に福祉施設が障害のある受刑者を受け入れる、いくつかの「モデル事業」も展開していく予定だ。社会福祉法人が更生保護事業を行ない、障害のある受刑者の社会への「出口」をつくろうというわけだ。さらにゆくゆくは、触法障害者の社会における自立支援策や再犯防止策について、その立法化をはかっていきたいとも考えている。

それでは、このようなことが成し遂げられれば、これで触法障害者の問題が解決するのであろうか。いや、違う。全くそうではない。ことは、そんなに簡単ではないのだ。

刑務所の「中」と「出口」が変わっても、「入口」が変わらなければ、塀の中の障害者をドラスティックに減らすことはできない。入口というのは、言うまでもなく、刑事裁判のことだ。

もちろん私は、障害者であろうと、罪を犯した場合は、その罪をきちんと償うべきだと考えている。障害者だから罰するな、とは絶対に思っていない。しかし、警察・検察の取調べや裁判のあり方については、見直すべき点が多々あるようにも感じる。

まず、ろうあ者が容疑者や被告人となった場合についてであるが、これはやはり、取調べや裁判において、必ずろうあ者の手話を理解できる人間を通訳者として立ち合わせるべきであろう。

次に知的障害者についてであるが、重度の知的障害者の場合、その精神年齢は三歳から六歳未満だといわれている。そして、中度が六歳から九歳未満、軽度が九歳から一二歳未満、となっている。その精神年齢から言えば、軽度の知的障害者でも、小学校六年生以下の子供と同じレベルということになる。彼ら彼女らには、さらに、生まれながらのコミュニケーション障害も加わるのだ。

通常、未成年者が罪を犯した場合、刑法は適用されず、少年法による審判が行なわれるわけだが、それを考えると、知的障害者に関しても、同様の司法手続きがあってしかるべきではないかと思う。実際に、アメリカのイリノイ州などでは、知能指数五〇以下の知的障害者には、「訴訟能力なし」として刑事手続きは適用せず、少年審判のような手続きをとっているのだそうだ。このような例も、大いに参考にすべきだと思う。

だが、こうした私の思いとは逆に、世の中はいま、「知的障害者であろうと精神障害者であろうと、罪を犯した奴《やつ》は厳罰に処せ」という声が大きくなっているのではないだろうか。私も、その考えに頷《うなず》けなくもないが、それが、社会防衛的発想、あるいは優生主義的発想に根ざしているのであれば、かつての「魔女裁判」のような危険性を感じざるを得なくなる。知的障害者に対して、「得体の知れない人間は、得体の知れないことをやらかしてしまうのではないか」というような思いがあるとすれば、それは全くの見当違いである。私がいま関わっている知的障害者の多くは、被害者になりこそすれ、加害者になるような人たちでは絶対にない。いや、刑務所で出会った知的障害者も、そのほとんどが人生の九割以上は被害者として生きてきた人たちだった。そして刑務所に服役することになった罪も、本当に軽微な罪なのである。

では、なぜ、そんな障害者が起こした犯罪を本にまでして書きたてるのか、と問われるかもしれない。いや、すでに私自身、これまで何度もこの件に関しては、福祉関係者を中心にお叱《しか》りを受けてきた。「障害者の問題を扱うんだったら、まずは被害者になる障害者を取り上げるほうが先ではないか」と。

確かにそうだろう。被害者になる障害者のほうが、加害者になる障害者よりも、何十倍も多いということは百も承知している。しかしそうであっても、私は触法障害者の問題について訴え続ける。

なぜなら、我が国の福祉の現状を知るには、被害者になった障害者を見るよりも、受刑者に成り果ててしまった彼らに視点をあてたほうが、よりその実態に近づくことができるからである。そしてそこには、日本社会の陰の部分も見えてくるのだ。

最後に一つ、最近私が傍聴した刑事裁判の様子を紹介する。

その裁判の被告人は、中度の知的障害者だった。四〇歳代前半の彼は、半年ほど前に刑務所を出てきたばかりである。母一人子一人の環境で育ったが、その母親は、一年前、彼が服役中に亡《な》くなっていた。彼が問われている罪は、「住居侵入罪」だった。

弁護人の被告人尋問は、あっさりと終わり、その後の検察官による尋問が続いていた。

「君ね、何とか言いなさいよ。日本語分かるんだろ」

検察官は、先ほど来、苛立《いらだ》ちを隠せない。

「もうあそこの家は、君の家じゃないんだ。お母さんもいないの。勝手に他人の家に入ったら犯罪になるんだ。それくらい分かるだろ」

被告人は、法廷に入って以来、肩を窄《すぼ》めて震えていた。その顔は、いまにも泣き崩れそうな表情である。

「君ね、刑務所から出てきたばかりでしょ。もう悪いことするのはよしなさいよ」

「うぉー、うぉー、うぉー」

突然、被告人が堰《せき》を切ったように泣き声を上げだした。それに対して、検察官は大きな溜《た》め息をつく。一方、国選弁護人である若い弁護士は、閉口したように顔を歪《ゆが》めている。

「おかーたーん、おかーたーん、うぉー、うぉー」

母親に救いを求めるように、あちこちに目を走らせる被告人。するとだ。ズボンの裾《すそ》から液体が漏れてきた。どうやら、彼は失禁してしまったらしい。そして泣き声は、さらに大きくなった。

「はい、はい、休廷」

裁判官が、邪険にそう言い放つ。

これが、日本の裁判所における日常風景なのである。たぶん、被告人の男性は、間もなく実刑判決が下され、刑務所に服役することになるだろう。

障害者を刑務所の「入口」へと向かわせない福祉の必要性を、痛感せずにはいられない。

あとがき

私が黒羽刑務所を出所したのは、いまからちょうど四年前、二〇〇二年八月一三日のことだった。出所時の私は、漠然とではあるが、「第二の人生は、福祉の道に携わっていこう」と考えるようになっていた。それは言うまでもなく、障害を抱えた受刑者たちと過ごした、一年二ヶ月間の服役体験のなかから生まれた目標である。

しかし、出所後約一年半の間、私自身、社会復帰と呼ばれる状態とは程遠い生活を送っていた。引きこもりに近い生活のなかで書き上げた獄中体験記が『獄窓記』として出版されたものの、定職には就かず、福祉関係の国家資格を取得するための自学自習という名目で、ただ机の前で時間を潰《つぶ》しているだけだった。自己嫌悪《けんお》に苛《さいな》まれる毎日。だが、何か行動を起こそうとするたびに、社会から排除されているような劣等感に襲われてしまう。刑務所を出た人間の多くが持つといわれる出所者コンプレックス。そんな精神状態から抜け出そうと、日々、煩悶《はんもん》していた。

そうした折、一人の男性が私のところに訪ねてきてくれた。知的障害者の起こした刑事事件の弁護活動を専門的に行なっている弁護士・副島洋明さんだ。私が気になっていた「レッサーパンダ事件」の主任弁護士も務めている人物でもあった。

「山本さん、よくぞ服役してくれました。心から感謝します。『獄窓記』のおかげで、これまで全く伝えられることがなかった、刑務所内での障害者の処遇を知ることができました」

熱っぽく語る副島弁護士の話から、刑事事件を起こした障害者たちの置かれている現実を、改めて思い知ることとなった。獄中で共に過ごした障害者たちの顔が脳裏に浮かび、胸が痛む。

この対面から一週間ほど後、私は東京都郊外にある知的障害者福祉施設へと向かった。そこは、副島弁護士が裁判を担当し、結局は受刑者となってしまったある障害者が、かつて入所していた施設だった。ある障害者とは、私が刑務所の中で介助を担当していた受刑者仲間であり、そんな思い掛けない結び付きが、屈託していた私の体を福祉の現場へと運ばせたのだ。以後私は、その福祉施設に、支援スタッフとして通うようになったのである。

こうして振り返ってみると、出所後の私にとって、「社会への扉」を開けてくれたのは、紛れもなく、副島洋明さんという一人の人物であったように思う。さらに言うならば、この本を上梓《じょうし》するに至ったこの間の活動のなかでも、司法の場で奮闘する副島弁護士には大いに触発され続けてきた。この場を借りて、副島さんに、心からの御礼を申し上げたい。

ところで、私がこの本を書き進めるなか、絶えず胸中に抱く一つの言葉があった。それは、序章でも触れたように、満期出所を目前にした一人の障害者が口にした言葉である。

「俺ね、これまで生きてきたなかで、ここが一番暮らしやすかったと思っているんだよ」

実はそんなふうに語るのは、彼ばかりではなかった。同じような主旨の発言を、幾人もの受刑者から聞かされていたのだ。彼ら障害のある受刑者にとって「獄」といわれる場所は、刑務所の中よりも、むしろ塀の外の社会のほうではなかったのか。服役中の私は、そう思うことがしばしばだった。したがって、単行本のサブタイトル「獄の中の不条理」というのは、単に刑務所の中の不条理ということではなく、「塀の内と外での不条理」と受け取っていただければと考えている。また、「累犯《るいはん》障害者」というタイトルも、刑法五六条でいうところの累犯者ではなく、「次から次に犯罪に結びついてしまう障害者たち」という意味合いで使用した言葉である。やや刺激的なタイトルになったかもしれないが、罪を犯す障害者をタブー視してきたマスコミや福祉関係者に、多少なりともこの問題に目を向けて欲しい、という思いがあったからだ。そしてそれが、障害者福祉政策の拡充につながる結果となれば、何よりも幸甚《こうじん》なことである。

末筆になるが、担当編集者である横手大輔さん、『新潮45』編集部の若杉良作さんには、様々な助言を頂戴《ちょうだい》し、本書の出版に向けて多大なる力を注いでいただいたことに、心から感謝申し上げる。

二〇〇六年八月一三日

山本譲司

文庫版あとがき

本書が単行本として出版されたのは、二〇〇六年九月のこと。その直後から短期間の間に、実に様々な意見や感想が寄せられてきた。特に多かったのは、障害者を家族に持つ人たち、障害児教育に携わる人たち、それに自身が障害を抱える人たちからの声である。まずは、そのうちのいくつかを紹介したいと思う。

『累犯障害者』を読ませていただき、知的障害のある子を育てている親として、とても重苦しい気分になりました。でも、直視しなくてはならない現実だとも思っています。実はこれまでも、息子の養護学校時代の同級生が警察に捕まったとか、少年院にいるとか、そんな噂《うわさ》は耳にしていました。しかし、意識的に耳に蓋《ふた》をしていたようなところがあります。今回、『累犯障害者』を読んで、それではいけない、と考えを改めさせられました。知的障害者の親たちの会がありますので、早速、その会のなかで、『累犯障害者』の問題について話し合いたいと考えています。目を逸《そ》らしていては、何も変わりませんから」

「私は、聾《ろう》学校で教員をやっている者です。罪を犯してしまうろうあ者の存在は、日頃から耳にしていましたが、『累犯障害者』を読んで、その実態がよく分かりました。そんな時です。私の教え子だった女性が逮捕されたという知らせを受けました。正直に申し上げますが、私は手話がほとんどできず、その教え子ときちんとコミュニケーションを取れていたかどうかの自信はありません。口話教育により、一方的かつ強制的に、仕事に就くための指導ばかりをやっていたようで、今はそのことを振り返り、非常に反省するとともに、責任も感じています」

「私の兄は知的障害者で、かつて受刑者でもありました。出所後しばらく行方不明だったのですが、結局、路上生活者となっていたようで、寒い冬の日、公園のベンチで死んでいるところを発見され、警察からその連絡をいただきました。私たち家族は、兄を支えられなかったことを大いに悔やみ、また猛省してもいます。しかし、今の制度は、重度の障害者にばかり目が向いていて、兄のように、それなりの生活スキルを身に付けている障害者は、全く福祉の支援を受けることができません。したがって、家庭で支えていくしかないのですが、家族だけで面倒を見るには限界があります。どうか山本さん、兄のような死に方をする障害者が今後でてこないように、福祉制度の改革に取り組んでください」

他にも、障害者と身近に接している人たちからの声を多数いただいたが、いずれの話からも、今の福祉を変えて欲しいという、切実な思いが伝わってくる。そして、自ら障害を抱える人たちからも、福祉の現状に対して批判的な意見がたくさん寄せられた。

「刑務所に入ることになるような人たちは、きっと社会の中で『孤立』していたのだと思います。私の周りにも、受刑者予備軍と思われるような人が何人もいます。今、国が進めている福祉政策は、障害者の『自立支援』とは言うものの、実際に行なわれているのは、私たちに対する『孤立促進』政策なんです」

このような障害者自身からの声が届くなか、何よりも身につまされたのは、出所した障害者本人から発せられたSOSだ。

「刑務所から出てきたボクのことなんて、だれも相手にしてくれない。死にたい、助けて」

これは、二〇〇六年の一一月、福祉行政の担当者が厄介払いのごとく私のところに連れてきた、ある知的障害者が口にした言葉である。私自身、そうした彼らの悲痛な叫びを聞くたびに、暗澹《あんたん》たる気持ちになり、我が国福祉の貧困さと冷淡さを改めて認識していた。

だが、嘆いてばかりはいられない。幸い私には、終章で述べたように、厚生労働省の研究班の一員として、虞犯《ぐはん》・触法障害者に関しての調査研究を行なうとともに、国に政策提言する、という立場を与えられていたのである。

二〇〇六年六月に発足した、この研究班「虞犯・触法等の障害者の地域生活支援に関する研究」(二〇〇七年より「罪を犯した障がい者の地域生活支援に関する研究」に名称変更)。その研究者は、私を含めて六名である。福祉関係者だけではなく、犯罪学の泰斗である中央大学教授の藤本哲也さんや、日本更生保護協会の常務理事・清水義悳《よしのり》さんにもメンバーに加わってもらった。研究代表者の田島良昭さんは、三〇年以上にわたり障害者福祉に携わってきた人物で、実践家であると同時に、福祉の世界において、常にその発言が注目されている理論家でもある。

「私は、山本さんが書かれた『獄窓記』を読んで、強いショックを受けました。そして、長い間、福祉に携わってきた人間として、刑務所の中に多くの障害者がいるというその現実について、深く反省しなければならないと思いました」

田島さんは、研究班発足の日、参加メンバーにこう言って、話を切り出した。その後、この研究班の意義について熱を込めて語る田島さんの姿を見ながら、私自身、非常に心強く感じたことを記憶している。

研究班の作業は、まず福祉行政に、刑務所内の現状を理解してもらうところから始まった。厚生労働省の担当者を連れて、矯正施設や更生保護施設を訪問することもたびたびだった。また、法務省の協力のもと、矯正施設内の障害者についての実態調査を行なうことにもなった。

たとえば、そのひとつに、知的障害があるとみられる受刑者四一〇名をピックアップしたサンプル調査がある。この調査では、四一〇名中、約七割が累犯者であり、一〇回以上服役している者が五六パーセント、一〇回以上が一九パーセントを占めており、全体の平均入所回数は六・七五回、という結果が出ている。累犯者の前刑終了時のデータによると、仮釈放を受けた者は二〇パーセントであり、出所者全体の仮釈放率が五六・五パーセントという数字を考えれば、知的障害のある受刑者の場合、仮釈放率が非常に低い、といえる。彼らの多くが満期出所を余儀なくされている理由は明らかだった。社会における受け皿がないのだ。仮釈放を許可されるには、必ず身元引受人が必要となるわけだから、いかに彼らが福祉や家族から見放されているかが分かる。

ちなみに、前回出所後、社会福祉施設に身を寄せた者は、帰住先が判明している者のうち、わずか一・一パーセントだった。それもそのはず、四一〇名の知的障害者のなかで、療育手帳を所持していた者は二六名だけ。知的障害のある受刑者のほとんどが、福祉とつながっていなかったのだ。結果、累犯者の再犯に至るまでの期間は、三ヶ月未満が三二・三パーセント、一年未満が六〇パーセントというように、彼らは、極めて短期間で刑務所に戻っていることになる。

知的障害者が犯した罪について調べてみると、犯罪の内容は「窃盗」が、そして犯罪動機は「困窮・生活苦」が最も多かった。窃盗事件を起こした障害者のなかには、金銭的に困り果て、食事をとることもできずに、長期間、水だけの生活を続けていた者が何人もいた。

このような調査結果からも、罪を犯した障害者が置かれている状況を容易に想像することができる。彼らは、福祉という支えがないゆえに社会内で孤立し、詰まるところ、軽微な罪を繰り返すことによって、刑務所を「終《つい》の棲家《すみか》」にしてしまっているのだ。

私は、『累犯障害者』上梓《じょうし》後も、障害者が被告人となっている裁判の傍聴や関係者への聞き取りを続けるとともに、刑務所から出所した障害者の社会内定着を支援する活動に取り組んできた。こうして数多くの触法障害者と関わる過程において、福祉制度上、司法制度上の問題点が、また次々と見えてきている。

さらに現在私は、二ヶ所の更生保護施設の役員、そして、特化ユニットを設けるPFI刑務所「播磨《はりま》社会復帰促進センター」(兵庫県加古川市)や「島根あさひ社会復帰促進センター」(島根県浜田市)の運営アドバイザーを務めており、日々、障害のある受刑者の社会復帰支援や刑務所内処遇に携わっているところだが、ソーシャルワークとしての更生保護、あるいは福祉的視点を取り入れた矯正処遇の必要性を痛感している次第だ。障害のある受刑者が出所後に福祉とつながらないのは、当然のことながら、矯正や保護のほうにも責任があるのだ。

だが、全く悲観はしていない。刑務所内の受刑者処遇については、二〇〇六年より、毎年少しずつ改革に向かって歩を進めているし、更生保護に関しても、二〇〇八年の六月に新法「更生保護法」が施行され、保護観察対象者の指導監督だけではなく、「援護」という視点に重きが置かれるようになった。

また有難いことに、私自身、二〇〇六年以降、厚労省の研究班以外にも、人事院の国家公務員研修所、刑務官の研修機関である矯正研修所、保護観察官や保護司の研修会、さらには自治体職員の研修会などで講師を務めさせていただくことが多くなり、そうした場を通じて行政に対し、累犯障害者の問題を訴える機会が増えてきている。それだけではない。知的障害者福祉に関わる様々な団体、福祉系の大学、聾学校や養護学校、ろうあ者の当事者団体などなど、実に多くの団体・機関が私を招いてくれている。そして日本社会福祉士会では、二〇〇八年一月、「リーガル・ソーシャルワーク研究委員会」を設置。外部委員として私もメンバーの一人となっているその委員会は、矯正や保護の分野にも社会福祉士が積極的に関わっていこうとする、日本社会福祉士会の方針を受けてスタートしたものである。何とも頼もしい限りだ。いずれにせよ、こうした動きが出てきているという事実は、多くの人々が累犯障害者の問題に関心を寄せてくれていることの証左でもあろう。

関心を寄せていただくだけではなく、徐々にではあるが、行政の姿勢も変わってきている。たとえば、聾教育。北海道では、二〇〇七年から教育委員会主導で、教員への手話研修が始まり、いくつかの聾学校が実践校に指定され、口話教育だけではなく手話教育も取り入れられている。また、二〇〇八年の四月には、東京都内に、日本初の手話教育専門の聾学校が設立されることとなった。父兄や当事者の人たちの粘り強い働きかけが、ようやく実を結んだのである。今後は、ろうあ者の子供がどこに住んでいようと、本人の希望によって手話教育か口話教育かを容易に選択できるよう、手話教育を取り入れた聾学校がますます増えていくことが望まれる。

知的障害者福祉に関しても、私自身、喜びを禁じえないことがある。二〇〇七年の年が明けた頃からだったと思うが、自身が触法障害者の支援をしてきたという福祉関係者が次々と現れ始めたのだ。

「山本さんが『累犯障害者』を発表してくれたおかげで、いい意味でこの問題が顕在化されたんです。触法障害者の支援を続けてきた私としては、本当に良かったと思っています。これまでは、刑務所から出所した障害者と関わっていても、それを口外する福祉関係者は絶対にいませんでした。危険な福祉施設、というような偏見を持たれてしまいますからね。それで長い間、福祉業界全体が、この問題に正面から取り組むことを避けてきたんです。でも、それじゃーいけません。これまで触法障害者を支援してきた人は、相談する人も場所もなく、点と点でそれぞれが歯を食いしばって頑張ってきたんです。ところが、それでは、制度としての触法障害者支援策は生まれません。山本さんの『累犯障害者』が、そのことに気付かせてくれたんです。これからは、もっとオープンにこの問題について議論しなくてはならないと思っています。私自身も、心当たりのある福祉関係者に呼び掛けて、点と点がつながって線になるように、そして、ゆくゆくは面展開できるように精一杯頑張ります」

こうした決意を表明してくれる福祉関係者と接するたびに、彼らの熱意や経験を生かす制度を早急につくらねば、という思いに駆られてくる。

また嬉《うれ》しい誤算であったが、この問題に取り組もうとするのは、障害者福祉の関係者だけではなかった。刑務所から出所した障害者との関わりにおいては、福祉関係者よりも豊富な経験を有する人たちがいたのだ。それは、ホームレスの自立を支援してきた人たちである。私自身、二〇〇七年の夏頃から彼らとの間に協力関係を持つようになり、二〇〇八年三月には、ホームレス支援グループが母体となって、障害のある受刑者や高齢受刑者の社会復帰支援を行なう「生活再建相談センター」を設立することとなった。私も運営委員となっているが、「生活再建相談センター」には熟練されたスタッフがおり、この一年足らずの間に、知的障害者、精神障害者、認知症の高齢者など、実に多くの出所者の生活支援を行なってくれている。

それにとどまらず、彼らの動きは積極果敢だった。出所者支援の輪を広げることを目的として、障害者福祉や高齢者福祉の関係者らに対して、支援活動の連携を呼びかけたのだ。その結果、東京においては、幅広い分野の福祉関係者が集まる「東京都触法要保護者支援ネットワーク」が、そして大阪においては、同様の「『刑余者』自立支援おおさかネットワーク」が誕生するに至った。

正直言って私は、こんなわずかな期間のなかで、ここまで、この問題への取り組みが広がるとは思ってもみなかった。

そんななかではあるが、やはり、罪を犯した障害者への支援を躊躇《ちゅうちょ》する声もある。それは、行政に携わる人間に多い。

「彼らの自立支援に向けた新しい施策を展開するとしても、世の中が納得しますかね。障害者といっても、彼らは罪を犯した人ですよ。普通に考えるなら、一般の障害者への施策拡充を優先させるべきではないですか」

こんな質問を受けることがあるが、私は次のように答えている。

「まずは、彼らが受刑者となってしまう経緯を理解していただきたいと思います。彼らが罪を犯すに至った背景を探っていくと、必ずそこには、『福祉の不在』があります。福祉がサポートして、地域社会や就労へとつなげていれば、彼らは、罪を犯してしまうような劣悪な環境に置かれることはなかったんです。結局は、貧困や孤独のなか自暴自棄になって、ついおにぎり一個を盗んでしまう。本来なら、刑務所に入るような罪ではないですよ。にも拘《かかわ》らず、福祉や家族から見放された彼らは、要保護性が高いということで、いとも簡単に実刑判決を受け、刑務所に保護されてしまっているんです。こうした実態をまず理解していただきたい。そこで、なぜ罪を犯した障害者を支援しなくてはならないか、という質問にお答えします。彼らは、罪を犯したということで、もっとも排除の対象となりやすい人たちです。そうした人たちでも支援をするということ、それは、すべての障害者を支えるという行政側の姿勢を示すことにもなるのではないでしょうか。姿勢だけではありません。結果として、必ずや、障害者福祉全体の底上げにつながると思います」

こうした私の主張に対して、ほとんどの行政職員は、ただただ頷《うなず》いているだけで、反論が返ってくることはなかった。だが、それが納得の意思を表していたのかどうかは分からない。果たして行政側は、この問題に本気で取り組むつもりがあるのだろうか。そう懐疑的になることもたびたびだった。

ところで、私たち「罪を犯した障がい者の地域生活支援に関する研究」班では、調査研究活動を続けるとともに、二〇〇七年の後半以降、厚生労働省と法務省に対して幾度もの政策提言を行なってきた。二〇〇八年度の政策に反映するには難しい時期だったので、何とか二〇〇九年度の政策に生かしてもらえれば、という思いがあった。しかし私自身の考えでいえば、すべての提言を取り入れてくれ、ということではなく、とにかく、少しずつでもいいから前進して欲しい、というのが本音だった。

そして、その結論はでた。この文庫版『累犯障害者』が出版される二〇〇九年四月一日、罪を犯した障害者への社会復帰支援策は、大きく動き出すことになる。法務省と厚生労働省は、私たちの政策提言に対して、ほぼ満額回答で応《こた》えてくれたのだ。

まず、法務省関連についてだが、矯正局は、二〇〇九年度より、現在七八ヶ所ある刑務所すべてに、民間の社会福祉士を常勤態勢で配置することとした。社会福祉士には、障害のある受刑者や高齢受刑者を福祉につなぐ、ソーシャルワーカーとしての役割を担《にな》ってもらう予定だ。

また保護局は、更生保護施設に年間千名ほどの障害者や高齢者を出所後三ヶ月程度受け入れてもらうため、その予算を計上した。さらに、受け入れた人たちの退所後を見据え、療育手帳取得の手続きなどを行なう社会福祉士を全国五七ヶ所の更生保護施設に配置することにしている。

次に、厚生労働省関連についてである。まず目玉政策となるのは、障害のある受刑者に対して、その服役段階から福祉施設探しなどの支援にあたる「地域生活定着支援センター」の新設だ。各都道府県に一ヶ所ずつ設置する予定で、スタッフは一センターあたり四名。福祉や医療制度だけではなく、司法制度にも精通した人材が望まれるだけに、その養成や確保にはそれなりの時間を要することになるであろう。よって、運営開始は、二〇〇九年の七月となっている。何はともあれ、刑務所と福祉サービスとをつなぐ架け橋が誕生するのだ。

しかし、ここから先に、さらなる問題が控えている。それは、福祉の受け皿が、出所者の数に見合うだけ存在するのか、という点である。触法障害者の場合、身体的なハンディキャップは少ないものの、反面、社会適応性を著しく欠いているケースが多い。したがって、彼らを支援するには、終日付き添いなど、相当なマンパワーが必要となってくるのだ。そして当然のことながら、そんな彼らへの支援は、福祉施設側としては、どうしても敬遠しがちとなる。そうこう考えてみると、いくら「地域生活定着支援センター」というコーディネート機能が整ったとしても、そこから先、肝心の受け入れ施設が見つからない、という事態が生じることも十分に予測できる。これでは、「地域生活定着支援センター」自体が、絵に描いた餅《もち》に終わってしまう可能性がある。

そこでだ。二〇〇九年四月に新たに生まれるのが「保護観察所連携加算」という制度だ。簡単にいうと、触法障害者を受け入れた施設に対して、一定程度の報酬を上乗せする制度である。また、この制度と合わせて、障害程度区分についても、成育歴・犯歴などの項目を設けて、支援の困難性を反映する仕組みを取り入れることとなる。これは、障害程度をADL（日常生活動作）の優劣一辺倒で判断するのではなく、社会適応困難度という物差しも重視する、という発想に基づいて創設された制度であり、私はこの政策に対して、今後、触法障害者のみならず障害者福祉全体の裾野《すその》を広げる起爆剤になるかもしれない、と別の意味での期待を寄せている。

さて、こうして、大きな前進を見た国の制度だが、もちろん、それぞれの政策を実行するにあたっては、予算の支出が伴うこととなる。しかし、障害者福祉予算の総額が年間約一兆円ということを考えれば、罪を犯した障害者に係る予算は微々たるものである。さらに言うと、この障害者予算約一兆円、という数字についてもきちんと検証しておかなくてはならない。実は我が国の障害者福祉に使われる予算は、支援対象者の数を絞り込んでいるという事情もあり、先進各国のなかでは極端に少ないのである。対国内総生産比に占める障害者予算でいえば、スウェーデンの約九分の一、ドイツの約五分の一、イギリスやフランスの約四分の一、そして社会保障制度の不備が指摘されるアメリカと比べても、その二分の一以下となっている。この事実を、多くの国民が知るべきではなかろうか。予算からも分かるように、日本の障害者福祉の基盤は、非常に脆《もろ》いのだ。

こうしたなか、ここ数年の間、障害者福祉を取り巻く環境は、大きく変化している。まず二〇〇三年に「支援費制度」というものが導入され、それまでの「措置制度」と比べ、「福祉行政による障害者への措置」から「福祉事業者と障害者との契約」へと、障害者福祉に対する考え方が根本的に変わった。同時にそれは、障害者の自立を促進し、障害者のライフワークを施設入所型から地域定住型へと転じさせようとする政策でもある。そして、二〇〇六年に施行された「障害者自立支援法」により、「脱施設」

の流れがさらに推し進められることとなった。

障害者が地域社会の中で生活し、障害者自らが福祉サービスを選択するという、障害者自立支援法の精神に異論を挟むつもりはない。しかし現状のままでは、地域に移行した障害者を支えるシステムは極めて脆弱《ぜいじゃく》であり、今後、地域の福祉ネットワークから零《こぼ》れ落ちてしまう障害者が多数生まれてくることが予想される。また、軽度の知的障害者のニーズに合った支援メニューをほとんど用意できていない今の福祉のなかでは、自らの意思で、福祉との契約を結ばない人たちもでてくることだろう。そうした障害者のうち、少なからぬ人たちが、刑務所に入るようなことになってしまう。これは、単に制度が貧困なだけではなく、地域社会が抱く彼ら知的障害者に対する意識からも、そうなる可能性が高いように思われる。「KY（空気が読めない）」なる言葉に象徴されるように、今、日本社会は、少しばかり異質な人たちをいとも簡単に排除してしまう、そんな風潮に覆《おお》われているような気がする。このような殺伐とした時世のなかでは、福祉とつながっていない知的障害者は、真っ先に排除される対象となるのではなかろうか。

地域で暮らす知的障害者が、不審人物として通報され、警察が駆けつけた時にパニック状態で暴れだしてしまい、その結果、「公務執行妨害」で逮捕される。あるいは、児童公園で、言葉も発せず無表情のまま子供を抱き上げたため、危険人物として通報され、「未成年者略取誘拐罪」で逮捕された知的障害者など、実際にあったこうした例を挙げれば、きりがないのである。
前述したような、受刑者と成り果てた障害者への地域定着支援策も重要だが、やはりここは、障害者を刑事司法の入口に向かわせないための「制度改革」と「意識改革」も同時に進めていく必要があるだろう。生まれながらの障害を抱えるがゆえに孤立し、排除されてしまう。その後の行き先が刑務所、ということでは、あまりにも理不尽すぎる。障害があろうがなかろうが、差別することなく、すべての人々をインクルージョン(包摂)していく社会。それを実現できるかどうか、まさに国としての力が試されているのだ。

二〇〇九年二月二六日

山本譲司

解説

江川紹子

山本譲司さんが自らの服役体験を書いた『獄窓記』を読んだ時の衝撃を、私は今でも忘れることができない。

受刑者の中には、排泄《はいせつ》のコントロールができない高齢者や、自分が刑務所にいるという自覚さえない知的障害者もいて、彼らの世話をするのが山本さんの役割だった。同書が出る少し前から、実は私もいくつかの刑務所の中を見ていたのだが、高齢受刑者の多いことが印象的だった。刑務所と社会を何度も往復するうちに年を重ねてしまった人が少なくなかった。年をとればなおさら、社会での居場所がみつけにくい。出所しても、すぐに罪を犯して刑務所に戻ることを繰り返し、服役の回数が30回近い〝リピーター〟もいた。刑務所の中で認知症が進行し、食事や排泄の世話が必要な〝要介護受刑者〟の姿には、ここは本当に刑務所なのだろうか、と思った。

福祉のネットワークからこぼれ落ち、行き場のない人たちにとっては、刑務所は最後の拠《よ》り所。本来、犯罪者の処罰と教育の場であるべき刑務所が、今や究極の福祉施設と化していた。

そして、山本さんの本を読んで、刑務所が唯一《ゆいいつ》の居場所となっているのは、高齢者に限らず、ずっと年若い知的・精神障害をもつ受刑者がかなりいることを知った。となると、刑務所の〝福祉施設化〟は、高齢化が進んだ昨今ではなく、実はかなり前から始まっていたのではないか、と思う。

私たちがその現実に気がつかなかったのは、刑務所の閉鎖性も一因だろう。高齢者や障害者が起こす事件の大半が、報道の対象になりにくい比較的軽微な犯罪だということもあるだろう。けれど、一番大きな原因は、私たちの無関心にあるのではないか。

ワイドショーを独占するような大きな事件であっても、判決が確定し、犯人を刑務所に送り込めば、第三者である多くの人たちにとっては一件落着。事件を起こした人の「その後」、つまり刑務所でどのような生活をし、どのような矯正教育を受けるかなどについて関心が払われることは、ほとんどない。服役を終えた、さらに「その後」についての関心は、もっと希薄だ。いずれ、彼らは社会に戻ってくる、というのに……。

「その前」の事情、つまり事件に至るまでの背景にも、人々の関心は集まりにくい。

事件が悲惨であればあるほど、被害者への同情は集まり、犯人への非難は高まる。犯行の動機が分かりにくければ、厳罰を求める声はさらに大きくなる。裁判で弁護側が、被告人の成育歴や家庭環境の特異性を訴えたり、知的・精神的な障害があることを主張すれば、それに耳を傾けるより、罪を免れようとする卑劣な行為と受け止められがち。そして、犯人にどれだけの刑罰が科されるかという結論だけに、人々の関心が集束していく。

そうなるのは、本書で山本さんが指摘しているように、ジャーナリズムの責任でもある。被疑者・被告人に知的障害や精神障害があっても、大手メディアはその話題をなるべく避けて通る。障害者と分かった途端、ぱったりと報道が途絶えてしまうこともある。障害者に対する差別や偏見を招いたり、同じ障害を持つ人や家族に不安を与えたりするのは避けたいという〝善意〟ゆえだが、障害者・患者団体などから抗議を受ける事態を招きたくない事なかれ主義も少しあるだろう。それに、特にテレビの場合、犯人の事情に時間を割くより、哀《かな》しみや憤《いきどお》りを吐露する被害者側の訴えを報じた方が視聴者の共感を呼び、視聴率アップにつながる。そんなこんなで、障害者の犯罪を深く掘り下げる報道は、皆無に等しい。山本さんの指摘には、ジャーナリズムの一隅にいる者として、私も忸怩《じくじ》たるものがある。

こんな風に、マスメディアが報じてこなかった、障害者事件の「その前」と「その後」を、山本さんはこの『累犯障害者』で詳しく伝えている。

読んでつくづく感じるのは、この国の福祉のネットワークの網目がいかに粗いか、である。もちろん、福祉に関わる方々は、それぞれの現場で、精一杯の仕事をされているはずだ。しかし、カバーしている範囲があまりにも限定的なうえに、それが横のつながりを持ちにくい。

たとえば、序章で紹介されている下関駅放火事件。逮捕された74歳の男は、放火で服役を繰り返し、成人に達してからの54年間で、50年余りを刑務所で過ごしてきた。知的障害者で、医療刑務所で服役したこともあるが、ひとたび刑期を満了して社会に出れば、居場所はなく、福祉の手がさしのべられることもなかった。福岡刑務所での10回目の服役を終えて出所して1週間余りで、今回の事件を起こした。生活保護を受けようと区役所に相談に行ったが、住所が定まらないので断られ、刑務所に戻りたくて放った火が、木造の駅舎を全焼させてしまったのだ。「刑務所は安心」という彼の言葉がなんとも悲しい。

東京・浅草の路上でレッサーパンダの帽子をかぶった男に短大生が刺殺された事件も、犯人は知的障害者。養護学校卒業の翌年に置き引きで捕まったのを皮切りに、鉈《なた》を持ち歩いて銃刀法違反、おもちゃのピストルを使って女性に金を要求した強盗未遂、自転車泥棒、無銭飲食による詐欺《さぎ》……と逮捕歴を重ね、服役も2度経験。その間、福祉につながることはなかった。保護司の保護観察所への報告では、「家庭は円満」ということになっていたが、山本さんの取材によれば、男は暴力をふるう父親の元を逃げ出して放浪生活を繰り返していたのだった。実は、この父親も知的障害者だったことが、事件後に分かった。そして、妹は末期の癌《がん》患者。にもかかわらず、この家族は福祉行政と何ら接点を持つことなく過ごしてきたというのは、本当にやりきれない。

刑務所は、法務省が管轄《かんかつ》。一方、福祉は厚生労働省の所管という縦割り行政に加え、実務は地方自治体が行う。自治体にしてみれば、福祉は住民サービスの一環なので、住民登録のない出所したばかりの元受刑者には関心を払わない。そのうえ、そうしたサービスを受けるには受益者が申請するのが基本。知識がなかったり、事情をうまく説明できなければ、せっかくの制度も活用できない。

福祉の網目がもう少し細やか、かつ柔軟になれば、防ぐことができる事件は、多々あるはずだ。

私が本書の中で一番驚き憤慨したのは、第二章だ。知的障害者に、彼がやってもいない罪を着せた警察や検察は、事実無根が分かった後も、一言の謝罪さえしようとしない。彼らの人権感覚は、いったいどうなっているのだろう。しかも、同章後半で報告されている、福祉制度を悪用するヤクザに障害者が食い物にされている現実には、こんなこともあるのかと、愕然《がくぜん》とした。

ただし、ヤクザに利用されているとはいえ、第四章で報告されているような事例もある。知的障害者の女性は、偽装結婚をさせられて有罪判決を受ける原因となったヤクザ男のところに自ら舞い戻っていく。彼女は、この男と一緒にいる時だけは、表情豊かで、自然体なのだという。愛情を注ぐでもない親元にいるより、福祉の支援を受けるより、ずっと居心地がいいらしい。山本さんは、障害者を利用してきたヤクザ男に対して怒りながら、彼の女性へのまなざしに一片の希望を抱く。そして、「『自由』と『愛』が存在する場所」を求めている女性が、「ここなら生きていられる」と実感できる場所が、果たして社会の中にあるだろうか、と問いかける。

売春婦をしていた知的障害者の女性たちが紹介されている第三章でも、彼女たちにとって幸せな場所はどこなのだろう、と考えさせられる。風俗産業に食い物にされても、彼女たちは、品行方正を求める福祉関係者より、自分を抱いた男たちを懐かしむ。「あたしだって人間よ。あたしみたいなバカでも、人間なのよ」「あたしを抱いてくれた男の人は、みんなやさしかった」

そんな彼女たちの叫びが、切ない。

「福」も「祉」も「幸せ」という意味で、福祉は本来、人を幸せにする営みのはず。障害を持つ人が生きることに幸せを感じ、犯罪の被害者にも加害者にもならずにすむ福祉のあり方とは、いったい何なのだろうか。そういう社会を、私たちはどうやって作っていったらいいのだろうか……。

少なくとも、より多くの人が事実を知ることが、何らかの変化がもたらされるきっかけになると信じたい。そのためにも、一人でも多くの人に、この本を手にとって欲しい、と願う。

最後に、著者の山本さんについて触れておきたい。衆議院議員だった山本さんは、政策秘書の給与を事務所の運営費に流用したことが報じられるや、事実を認めて辞任。一審の実刑判決を、上級審で争うことなく受け入れた。金を私用に使ったわけではなく、ましてや私腹を肥やしたわけでもない。永田町では、秘書給与の流用は、台所事情の苦しい議員がよくやる手法という噂《うわさ》もある。上級審で争えば執行猶予《ゆうよ》が得られるという意見もある中、服役する道を選んだ潔《いさぎよ》さや、その後も自らの罪を問い続けている真摯《しんし》な姿勢は、同じように秘書給与問題が明るみになった他の議員たちと比べて、際《きわ》だっている。

この時の服役体験と、その誠実な人柄があってこそ、事件の関係者は心を開いて、辛《つら》い体験を語るのだろう。

こうした取材活動の一方で、自らヘルパーとして障害者と関わり続け、刑務所での処遇、出所後の更生保護、そして福祉行政に関しても、積極的に働きかけを行っている。その尽力もあって、刑務所に社会福祉士が配置されるなど、行政の枠組みを超えた新しい動きも出始めている。

秘書給与事件によって、私たちは前途有為の政治家を失ったが、代わりに、優れたジャーナリストと果敢な福祉活動家を得たのだ。

（二〇〇九年二月、ジャーナリスト）

この作品は、平成十八年九月に新潮社より刊行された単行本に、第四章（「新潮45」平成十九年九月号）、第五章（「別冊宝島Real」平成二十年九月発行）を加筆の上、追加したものである。

寮 美千子編

空が青いから白を
えらんだのです
―奈良少年刑務所詩集―

彼らは一度も耕されたことのない荒地だった。葛藤と悔恨、希望と祈り――魔法のように受刑者の心を変えた奇跡のような詩集！

寮 美千子編

名前で呼ばれたことも
なかったから
―奈良少年刑務所詩集―

「詩」が彼らの心の扉を開いた時、出てきたのは宝石のような言葉だった。少年刑務所の受刑者が綴った感動の詩集、待望の第二弾！

「新潮45」編集部編

凶悪
―ある死刑囚の告発―

警察にも気づかれず人を殺し、金に替える男がいる――。証言に信憑性はあるが、告発者も殺人者だった！ 白熱のノンフィクション。

ブレイディみかこ著

THIS IS
JAPAN
―英国保育士が見た日本―

労働、保育、貧困の現場を訪ね歩き、草の根の活動家たちと言葉を交わす。中流意識が覆う祖国を、地べたから描くルポルタージュ。

ブレイディみかこ著

ぼくはイエローで
ホワイトで、
ちょっとブルー
Yahoo!ニュース｜本屋大賞
ノンフィクション本大賞受賞

現代社会の縮図のようなぼくのスクールライフは、毎日が事件の連続。笑って、考えて、最後はホロリ。社会現象となった大ヒット作。

ブレイディみかこ著

ぼくはイエローで
ホワイトで、
ちょっとブルー 2

ぼくの日常は今日も世界の縮図のよう。変わり続ける現代を生きる少年は、大人の階段を昇っていく。親子の成長物語、ついに完結。

松本清張著

黒い画集

身の安全と出世を願う男の生活にさす暗い影。絶対に知られてはならない女関係。平凡な日常生活にひそむ深淵の恐ろしさを描く7編。

清水潔著

桶川ストーカー殺人事件
遺言

「詩織は小松と警察に殺されたんです……」悲痛な叫びに答え、ひとりの週刊誌記者が真相を暴いた。事件ノンフィクションの金字塔。

清水潔著

殺人犯はそこにいる
—隠蔽された北関東連続幼女誘拐殺人事件—
新潮ドキュメント賞・
日本推理作家協会賞受賞

5人の少女が姿を消した。冤罪「足利事件」の背後に潜む司法の闇。「調査報道のバイブル」と絶賛された事件ノンフィクション。

最相葉月著

絶対音感
小学館ノンフィクション大賞受賞

それは天才音楽家に必須の能力なのか？音楽を志す誰もが欲しがるその能力の謎を探り、音楽の本質に迫るノンフィクション。

最相葉月著

セラピスト

心の病はどのように治るのか。河合隼雄と中井久夫、二つの巨星を見つめ、治療のあり方に迫る。現代人必読の傑作ドキュメンタリー。

藤沢周平著

冤（えんざい）罪

勘定方相良彦兵衛は、藩金横領の罪で詰め腹を切らされ、その日から娘の明乃も失踪した……。表題作はじめ、士道小説9編を収録。

森 功著
黒い看護婦
—福岡四人組保険金連続殺人—
悪女〈ワル〉たちは、金のために身近な人々を脅し、騙し、そして殺した。何が女たちを犯罪へと駆り立てたのか。傑作ドキュメント。

筑波 昭著
津山三十人殺し
—日本犯罪史上空前の惨劇—
男は三十人を嬲り殺した、しかも一夜のうちに——。昭和十三年、岡山県内で起きた惨劇を詳細に追った不朽の事件ノンフィクション。

沢木耕太郎著
人の砂漠
一体のミイラと英語まじりのノートを残して餓死した老女を探る「おばあさんが死んだ」等、社会の片隅に生きる人々をみつめたルポ。

沢木耕太郎著
檀
愛人との暮しを綴って逝った「火宅の人」檀一雄。その夫人への一年余に及ぶ取材が紡ぎ出す「作家の妻」30年の愛の痛みと真実。

沢木耕太郎著
あなたがいる場所
イジメ。愛娘の事故。不幸の手紙——立ち尽くすほかない生が、ふと動き出す瞬間を生き生きと描く九つの物語《ナイン・ストーリーズ》。著者初の短編小説集。

沢木耕太郎著
凍
講談社ノンフィクション賞受賞
「最強のクライマー」山野井が夫妻で挑んだ魔の高峰は、絶望的選択を強いた——奇跡の登山行と人間の絆を描く、圧巻の感動作。

累《るい》犯《はん》障《しよう》害《がい》者《しや》

新潮文庫　や - 60 - 2

平成二十一年四月一日発行
令和七年四月五日十一刷

著者　山《やま》本《もと》譲《じよう》司《じ》

発行者　佐藤隆信
発行所　株式会社 新潮社
郵便番号　一六二—八七一一
東京都新宿区矢来町七一
電話　編集部(〇三)三二六六—五四四〇
　　　読者係(〇三)三二六六—五一一一
https://www.shinchosha.co.jp

印刷・錦明印刷株式会社　製本・株式会社植木製本所

ISBN978-4-10-133872-9 C0195